Invisível Cativeiro

Roberto de Carvalho
Espírito Basílio

Invisível Cativeiro

Aliança

1ª edição, Janeiro/2017, do 1º ao 5º milheiro.

TÍTULO
Invisível Cativeiro

AUTOR
Roberto de Carvalho / Basílio

DIAGRAMAÇÃO
Guilherme Ruy Silva

CAPA
Jayres Gomes

IMPRESSÃO
Rettec Artes Gráficas e Editora Ltda.

FICHA CATALOGRÁFICA

Dados Internacionais de Catalogação na Publicação (CIP)
(Câmara Brasileira do Livro, SP, Brasil)

Basílio (Espírito).
Invisível Cativeiro / pelo espírito Basílio;
[psicofragado por] Roberto de Carvalho. --
São Paulo : Editora Aliança, 2017.

ISBN 978-85-8364-049-3

1.Espiritismo 2. Psicografia 3.Romance espírita
I. Carvalho, Roberto de. II. Título.

CDD-133.9

ÍNDICE PARA CATÁLOGO SISTEMÁTICO

1. Romance espírita psicografado: Espiritismo 133.9

EDITORA ALIANÇA
Rua Major Diogo, 511 - Bela Vista - São Paulo - SP
CEP 01324-001 | Tel.:(11) 2105-2600

www.editoraalianca.com.br | editora@editoraalianca.com.br

Este romance é uma obra inspirada mediunicamente e tem por finalidade divulgar o espiritismo por meio dos ensinamentos básicos de sua Doutrina, principalmente no que se refere ao processo das obsessões espirituais, causadoras de tanto sofrimento a encarnados e desencarnados.

Os personagens apresentados nesta narrativa são ficcionais. Portanto, qualquer semelhança com nomes ou descrições físicas de pessoas terá sido mera coincidência.

Soneto

Nas garras de implacável inimigo,
que os olhos materiais não podem ver,
padece muita gente esse "castigo"
na cega teimosia do descrer.

E assim, sem se dar conta do perigo,
prossegue a multidão a se perder,
buscando na ilusão o terno abrigo
que o mundo não lhe pode oferecer.

A paz do porto calmo e salvador
só se pode encontrar na lei do amor,
na caridade ativa, no perdão...

Quem vive a plantar ódios e tormentos
decerto há de colher ressentimentos
e sempre atrairá perseguição.

Sumário

Influências espirituais 13

1 – Dominado pelo ódio 19

2 – A primeira vez 27

3 – Acolhimento 35

4 – Vitorio e Beatrice 45

5 – A sociedade 53

6 – O vento e a borboleta 61

7 – De volta à Itália 69

8 – Escolhas e renúncias 77

9 – Barril de pólvora 89

10 – Alimentando esperanças 97

11 – Raiva e atração obsessiva 105

12 – Asas arrancadas 113

13 – Exigências de Beatrice 121

14 – Luxo e frustração 129

15 – Doença e viagem 141

16 – Cenas do passado 153

17 – Apuros e amizade 163

18 – Fé e incredulidade 173

19 – Hospedagem arriscada 183

20 – Anãzinha fuxiqueira 191

21 – Flagrante e fatalidade 201

22 – O peso do remorso 211

23 – Desfechos e ajustes 219

24 – "Bicho feio" 229

25 – Cativeiro e morte 237

26 – Epílogo 247

Ignorar as obsessões espirituais significa deixar o obsessor à vontade para executar livremente as suas maldades.

Influências espirituais

"O Espiritismo vem provar que esses demônios não são mais do que as almas de homens perversos, que ainda não se despojaram dos seus instintos materiais; que não se pode apaziguá-los senão pelo sacrifício dos maus sentimentos."

O Evangelho segundo o Espiritismo – Capítulo 12 – Item 6

Quando Allan Kardec, durante os trabalhos de elaboração de *O Livro dos Espíritos*, perguntou se os desencarnados influem em nossos pensamentos e em nossas ações, a resposta não deixou a menor dúvida: "Muito mais do que imaginais. Influem a tal ponto que, muitas vezes, são eles que vos dirigem", disseram os mentores espirituais da obra.

E quando perguntado sobre como distinguir se um pensamento sugerido procede de um bom ou de um mau Espírito, veio o aconselhamento: "Estudai cada caso. Os bons Espíritos só sugerem bons pensamentos. Compete-vos discernir".

Mais à frente, respondendo a outra pergunta, foi dada a explicação de que os Espíritos imperfeitos induzem os encarnados ao mal caminho, porque se comprazem em provocar nos outros o mesmo tipo de sofrimento que experimentam na erraticidade[1].

E a orientação para que o encarnado se livre de interferências e sugestões espirituais negativas – consideradas "influências demoníacas" em algumas culturas – é manter-se vigilante, visto que tais Espíritos só se apegam aos que, pelos seus desejos, os chamam, ou aos que, pelos seus pensamentos, os atraem.

Podemos definir as influências espirituais como consequências da lei de atração: bons pensamentos e boas atitudes atraem bons Espíritos; maus pensamentos e más atitudes são um convite para que entidades desequilibradas entrem em sintonia conosco.

* * *

Neste romance, veremos dois casos típicos de influência espiritual. Na obsessão indireta, o Espírito Faustina entra em sintonia mental com Beatrice e, unidas por sentimentos inferiores semelhantes, as duas executam um plano de vingança contra Vitorio.

---

[1] Erraticidade não se refere a lugar, mas ao tempo que o Espírito aguarda entre uma reencarnação e outra.

Interessante observar que Beatrice, apesar de rejeitar Vitorio, não sentia ódio por ele, mas passa a ser manipulada por Faustina e satisfaz-lhe todas as vontades. Mais tarde, na obsessão direta, é Vitorio que se torna um impiedoso obsessor.

A história nos mostra como é complexa a engenhosidade exercida por aqueles que, dominados pelo ódio, transitam pelo plano espiritual maquinando projetos de vingança.

Mostra também como os encarnados, invigilantes e ainda com tanta propensão ao mal, são utilizados como verdadeiros instrumentos de tortura física e psicológica para a consecução da maldade que o obsessor, por encontrar-se desprovido dos recursos materiais, não consegue executar.

Deduzimos que dentre a imensa quantidade de crimes cometidos diariamente em nosso orbe, grande parte é fruto de influência espiritual. Ou seja, muitas vezes, o agressor encarnado age sob a regência e a vontade do verdadeiro inimigo da vítima – que se encontra no plano espiritual – e pratica uma vingança que nem é sua.

E é aqui que entra a "roda viva" das agressividades, porque, uma vez que cede à influência maléfica do obsessor e pratica o crime, o encarnado usado para esse fim torna-se cúmplice e atrai para si o ódio daquele que foi prejudicado.

Se o crime resulta no desencarne da vítima, o processo de obsessão pode se iniciar de imediato, gerando mais sofrimento, mais ódio, mais desejos de vingança... Novos processos de influência espiritual vão se formando e tornando-se um trágico e interminável ciclo vicioso.

E todos os envolvidos na trama – encarnados e desencarnados – passam a responder por sua quota de responsabilidade, como nos orientam os Espíritos em resposta à questão 470 de *O Livro dos Espíritos*:

"A nenhum Espírito é dada a missão de praticar o mal. Aquele que o faz, age por conta própria, sujeitando-se, portanto, às consequências. Deus pode permitir-lhe que assim proceda, para vos experimentar; nunca, porém, lhe determina tal procedimento. Compete-vos, pois, repeli-lo".

Deduzimos que a maldade praticada; seja por vontade própria ou por influência espiritual é sempre condenável. Quem prejudica o próximo terá de responder por seus atos e quitar até o último ceitil da dívida moral contraída.

E a cada lição aprendida torna-se mais óbvio o porquê de Jesus ter nos orientado a "perdoar as ofensas", "reconciliar-nos com o inimigo", "dar a outra face"... Este é único caminho de libertação para as maldades do mundo e para as maldades pessoais que, infelizmente, ainda cultivamos em nós e que são responsáveis por atrair a dominação sombria da obsessão espiritual.

Capítulo 1

"Pode-se ter inimigos entre os encarnados e os desencarnados. Os inimigos do mundo invisível manifestam sua maldade por meio das obsessões e das subjugações a que tantas pessoas estão expostas, e que representam uma variedade das provas da vida."

O Evangelho segundo o Espiritismo – Capítulo 12 – Item 6

Dominado pelo ódio

Pontualmente às vinte horas e trinta minutos, a equipe mediúnica do pequeno Centro Espírita encontrava-se reunida para o trabalho de desobsessão[2] – reunião específica de trabalho desenvolvido nas Casas Espíritas na qual as entidades se manifestam utilizando o aparelho físico dos médiuns preparados para essa finalidade.

No decorrer dos trabalhos, o Espírito comunicante é instigado a falar sobre os seus sentimentos, dores e frustrações, além das razões que o levaram a comparecer àquela assistência.

Muitos casos referem-se a graves processos obsessivos motivados principalmente por ódio, mágoa e desejo de vingança e, de modo geral, esses irmãos rancorosos são conduzidos ao Centro Espírita por sua própria "vítima" que, em busca de ajuda, acaba levando consigo o desencarnado que a assedia.

---

[2] Um dos objetivos desse trabalho é convencer o obsessor a se afastar do encarnado, perdoando-lhe a ofensa e retomando o curso de sua vida.

Naquela noite, o silêncio e a tranquilidade do ambiente causavam certa estranheza, pois não era comum todo aquele sossego nos trabalhos ali realizados. Porém, de repente, um dos trabalhadores, médium atuante e bastante sensível, começou a se contorcer na cadeira, retesando os músculos dos braços e das pernas.

— Tirem-me daqui! – exclamou com voz grave e arrastada, deixando claro ter entrado em sintonia mental com uma entidade desequilibrada. — Ordeno que me libertem imediatamente, seus sequestradores!

A dirigente daquela reunião era uma mulher chamada Carmela. Ela tinha um pouco mais de cinquenta anos de idade, sendo mais de trinta dedicados aos trabalhos mediúnicos, principalmente à comunicação com os desencarnados.

Carmela pediu aos demais trabalhadores que se mantivessem sintonizados em vibrações de amor incondicional, aproximou-se e deu as boas vindas ao Espírito que se manifestava:

— Seja muito bem-vindo, meu irmão! Em que podemos ajudá-lo?

— Ajudar-me? – ele protestou. — Vocês me sequestram, mantêm-me amarrado a esta cadeira e dizem que querem me ajudar? Isto é uma piada?

Carmela não perdeu a serenidade.

— Não é uma piada, meu irmão! Estamos trabalhando em nome do Cristo para auxiliar os sofredores. É uma tarefa séria e edificante...

— Pois então se limitem a ajudar quem precisa de socorro; o que não é o meu caso. Estou muito bem e tudo o que quero é ir embora daqui.

— Tudo bem, meu irmão! Porém, antes, precisamos esclarecer alguns fatos: não é verdade que o estamos sequestrando; você veio aqui por vontade própria.

— Não minta para mim – ralhou a entidade, com voz impositiva. — Eu não vim por vontade própria. Vim porque estava acompanhando uma pessoa. Porém, não pretendia ficar aqui. Deveria ter ido embora junto com ela.

— Há outra coisa que precisa ser esclarecida – prosseguiu Carmela, com um tom de ternura na voz. — Você não está amarrado; está apenas ligado mentalmente a um corpo físico. Por isso a sensação de estar preso.

Nesse momento o Espírito silenciou e, por alguns segundos, pareceu verificar a situação, tentando constatar a veracidade das palavras da dirigente[3].

— E tem mais ainda – prosseguiu Carmela, provocando-o de propósito para que ele revelasse a razão de estar ali. — O amigo está querendo ir embora, mas na verdade não tem para onde ir.

Essas palavras provocaram uma forte reação no desencarnado, que respondeu com notável presunção:

---

[3] Espíritos desajustados, ainda presos a sentimentos menores, costumam ficar bastante confusos quando entram em sintonia com o médium. Às vezes pensam ser deles o corpo físico a que estão mentalmente ligados; outras vezes, têm a sensação de estarem amarrados, mas é sempre fruto de seu desequilíbrio emocional.

— Como não tenho para onde ir? E a minha casa? O casarão que construí com o suor do meu rosto e que quase me levou à falência? Vai me dizer que eu não tenho o direito de morar nele e de usufruir aqueles móveis importados que me custaram uma fortuna?

Carmela fechou os olhos e agradeceu à equipe espiritual pelas palavras que lhe foram inspiradas e que haviam alcançado o efeito desejado. Com voz amorosa, tentou retomar o diálogo:

— Meu irmão...

— Pare de me chamar de irmão – reagiu o obsessor. — Eu não admito essa intimidade comigo, ouviu bem?

— Está bem, como devo chamá-lo então?

— Na verdade, nem deveríamos estar conversando. Mas, já que você insiste, pode me chamar de "Senhor Vingança".

— Mas não é um nome tenebroso demais?

— Tenebroso? Depende do ponto de vista. Para mim, parece até muito suave.

Para não perder tempo com assuntos que nada acrescentariam à assistência, Carmela perguntou:

— Você disse que veio acompanhando alguém. Pode me dizer quem é essa pessoa?

Nesse momento, o médium sofreu um tremor, expressando toda a revolta do Espírito comunicante.

— Não vou dizer o nome daquela infeliz. Não vou me contaminar com aquela imunda. Ela é suja! É imprestável!...

— Mas, se ela é tudo isso, então por que a acompanha? Por que não a deixa em paz? – ponderou Carmela, inspirada pela equipe espiritual que participava ativamente da conversa.

— Deixá-la em paz? Nunca! A infeliz tirou o meu sossego e precisa pagar pelo que fez. É por isso que eu a acompanho. Consegue me entender? É por isso que eu não posso ficar aqui. Tenho de estar ao lado dela, infernizando a vida dela, fazendo com que ela sinta ao menos um pouco do sofrimento que provocou em mim...

As vibrações de ódio daquele Espírito eram tão intensas, que todos os médiuns presentes puderam captá-las e tiveram de redobrar a vigilância, para não se deixarem contagiar.

Carmela sabia que ele estava se referindo a uma senhorinha frágil e doente que ali estivera um pouco antes, buscando conforto para sua alma sofrida. Ela não conseguia compreender como uma criatura tão dócil e indefesa podia ser a causadora de tanto sofrimento, ódio e desejo de vingança em alguém.

Ao que tudo indicava, pelos longos minutos de conversa que tivera com a mulher, ela seria incapaz de fazer mal a um inseto sequer. Onde estaria o mistério de tudo aquilo? O "Senhor Vingança" estaria criando uma história fantasiosa para justificar tamanha agressividade? Ou, ainda que tivesse alguma razão para guardar mágoas, não estaria exagerando na dose?

Enquanto esses pensamentos passavam como um relâmpago pela mente de Carmela, o obsessor voltou a se manifestar:

— Não se deixe enganar, pois aquela víbora não é boazinha como parece. É o demônio em pessoa. É cruel, ambiciosa, egoísta e traidora.

— Todos nós temos defeitos, meu irmão. Desculpe-me insistir em chamá-lo assim, mas meu coração se recusa a tratá-lo de outro modo. Mesmo que você não queria, não consigo vê-lo a não ser como irmão. Afinal, somos todos filhos do mesmo Pai. Quanto à crueldade, ambição, egoísmo e traição esses são apenas algumas das muitas deformidades morais de todos nós que nos encontramos em provação.

O médium começou a movimentar-se freneticamente, demonstrando o sentimento de inconformismo do Espírito comunicante.

— Não! Não é só isto! Você não entende mesmo. Você não entende...

— Entendo, sim, meu irmão. Entendo que você está desperdiçando o seu tempo; está vivendo em função de uma vingança inútil, dominado pelo ódio...

— Não admito que fale assim! – o obsessor protestou raivoso. — Não estou dominado por coisa alguma. Quando digo que não é só isso, eu estou dizendo que aquela "pobre coitada" que deixou a "irmãzinha" com tanta pena, não é o que aparenta ser. Ela é uma assassina fria e cruel. Ela tirou a minha vida. Acabou comigo e eu nunca vou perdoá-la por isso!

Carmela elevou o pensamento e fez uma prece pedindo auxílio aos benfeitores espirituais. Aquele caso de obsessão era bastante grave e os procedimentos não poderiam se limitar à tentativa de persuasão apenas pelo diálogo.

Capítulo 2

"Perguntais se é permitido abrandar as vossas provas. Essa pergunta lembra estas outras: É permitido ao que se afoga procurar salvar-se? E a quem se espetou num espinho, retirá-lo? Ao que está doente, chamar um médico?"

O Evangelho segundo o Espiritismo – Capítulo 5 – Item 26

A primeira vez

Se há uma coisa que me prende a atenção é observar a ansiedade e expectativa manifestadas por quem vai pela primeira vez a uma Casa Espírita. Principalmente quando essa "primeira vez" é motivada pelo sofrimento, o que, convenhamos, ocorre na imensa maioria dos casos.

Pouquíssimas pessoas se lembram de buscar uma conexão com os protetores espirituais quando a vida apresenta a calmaria e a serenidade de um lago. Nesses períodos de tranquilidade, quase todos nos achamos autossuficientes e inatingíveis pelos problemas.

Reconhecemos nossas limitações somente quando o mar sobre o qual navegamos sofre a agitação de uma tormenta e nos coloca na condição de náufragos incautos e desprotegidos. Daí, erguemos as mãos aflitas em busca de alguém "ou de algo" que seja mais poderoso do que nós, que se sensibilize com as nossas dores e nos ampare em nosso desespero.

Interessante é que Deus, em sua magnífica bondade, jamais nega aos seus filhos o necessário resgate, exemplificando a parábola do Filho Pródigo, narrada por Jesus. Assim como o filho ingrato que, motivado por egoísmo e vaidade, renega a proteção do pai e parte atrás de ilusões, nós também nos distanciamos de Deus por causa dos efêmeros prazeres do mundo. E, da mesma forma que o pai da parábola acolhe o filho fujão, que volta crivado de dores e subjugado pelo arrependimento, Deus não nos nega a acolhida.

Mas o sofrimento conquistado pela própria ingratidão deixa marcas profundas em nosso arquivo existencial. Feridas que vão nos moldando aos poucos, transformando-nos, por intermédio da dor, em seres mais humanizados, mais solidários, mais sensíveis também às dores alheias. E é assim que a maioria de nós segue em busca da inevitável ascensão moral.

* * *

Naquele mesmo dia, algumas horas antes que ocorresse a manifestação do "Senhor Vingança" no Centro Espírita, eu fora atraído para as dependências de uma casa muito bonita, localizada num bairro não muito distante dali. Essa residência era cercada por um quintal arborizado, protegida por muros altos e um pesado portão de ferro. No interior dela, móveis luxuosos, quadros de pintores famosos, tapetes e cortinas importados e demais objetos raros denotavam o bom gosto e o capricho com que fora decorada.

Apenas duas mulheres ocupavam naquele momento a imensa e suntuosa sala de estar: uma mulata, que aparentava ter uns quarenta anos e a outra de pele bem clara, salpicada por discretas sardas, e que deveria ser cerca de trinta anos mais velha.

A que tinha mais idade estava visivelmente enferma. Tinha o rosto vincado pelo sofrimento físico e seu corpo debilitado exigia o apoio de uma bengala para se sustentar.

— Constância, nós não estamos atrasadas? – ela perguntou, com um forte sotaque italiano.

— Não se preocupe, dona Beatrice. Eu já chamei o táxi e nós não estamos atrasadas. Os trabalhos lá no Centro Espírita não começam antes das dezenove horas. Fique tranquila.

— Nunca gostei de me atrasar para os compromissos – prosseguiu a enferma. — Antigamente as pessoas diziam, cobertas de razão, que se conhece o caráter de uma pessoa pela pontualidade.

Constância trabalhava como enfermeira particular de Beatrice. Era uma mulher fisicamente forte e bastante atenciosa. Enquanto conversavam, ela cuidava da idosa, penteando-lhe os cabelos brancos, cobrindo-lhe os ombros com um xale e retocando a leve maquiagem de seu rosto.

— Mas, hoje em dia, as pessoas não ligam muito para esses detalhes – prosseguiu Beatrice. — É uma falta de respeito tão grande... Ninguém se importa se vai passar uma boa imagem para os outros.

— São outros tempos – concordou a enfermeira, endossando a crítica de sua paciente.

— Como é mesmo esse trabalho que começa às dezenove horas?

— Ah, eles fazem uma prece muito bonita e depois um palestrante fala sobre o evangelho.

— Não é muito diferente de uma igreja – observou Beatrice.

— Ah, é bem diferente sim! Mas isso a senhora só vai perceber lá. O ambiente é muito simples, mas eles dão uma atenção especial à gente, sabe? Conversam conosco particularmente e nos tratam com muito carinho.

Beatrice meneou a cabeça, suspirou fundo e fechou os olhos.

— Às vezes fico me perguntando se não será perda de tempo ir atrás de ajuda. Já estou convivendo há tantos anos com essas dores, que talvez até estranhe se me livrar delas. Além disso, por que Deus iria se importar com a doença de uma velha imprestável feito eu?

— Não fale assim, dona Beatrice! A senhora não é imprestável e o amor de Deus é o mesmo para com todos nós...

Ouviu-se o som da buzina de um automóvel. A enfermeira foi até a janela, deu uma olhada na rua e disse:

— Chegou o táxi, dona Beatrice. Vamos?

Ajudou a idosa a levantar-se e as duas se encaminharam para a saída.

Somente naquele momento percebi que elas não estavam sozinhas. Quando Beatrice se levantou, vi a silhueta sombria de uma criatura que se encontrava em perfeita sintonia mental com ela, não apenas interagindo com suas ações, mas também contaminando-a com fluidos perniciosos[4], à semelhança da fumaça negra que é expelida das chaminés das grandes indústrias.

Naquele momento eu ainda não sabia quem era. Só mais tarde iria descobrir que se tratava do tal "Senhor Vingança", que se manifestaria na reunião mediúnica do Centro Espírita.

---

[4] Emanações psíquicas geradas a partir de sentimentos negativos como ódio e desejo de vingança.

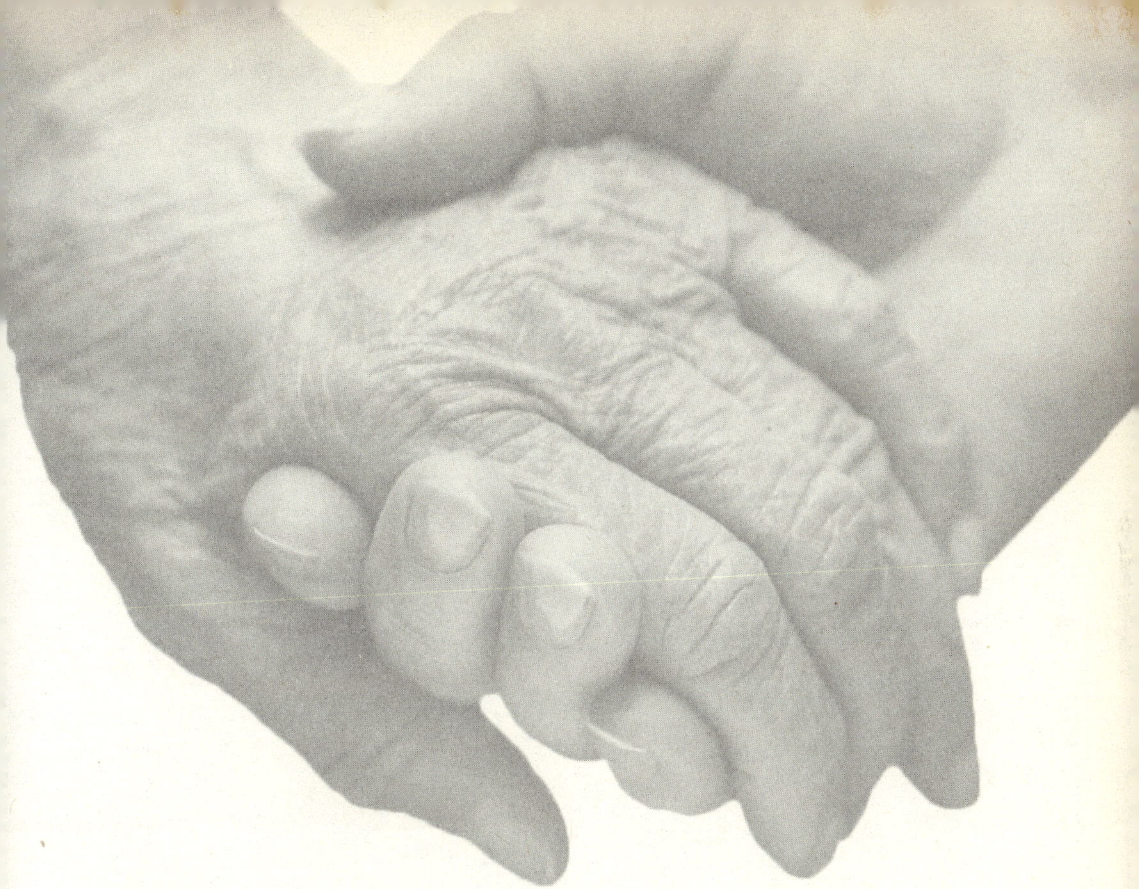

Capítulo 3

"Estais todos na Terra para expiar; mas todos, sem exceção, deveis fazer todos os esforços para aliviar a expiação de vossos irmãos, segundo a lei de amor e caridade."

O Evangelho segundo o Espiritismo – Capítulo 5 – Item 27

Acolhimento

A pequena equipe de médiuns, proporcional ao tamanho também reduzido da Casa Fraterna, já estava reunida para a realização das tarefas que se iniciavam com uma palestra pública enfocando o Evangelho de Jesus à luz do espiritismo, e recepção com entrevista às pessoas que ali aportavam pela primeira vez, em busca de assistência.

Naquela noite, Carmela, que era também uma das médiuns encarregadas de conversar com os novos assistidos, encontrava-se em sua pequena sala de entrevistas; um espaço diminuto cercado com divisórias de madeira, num cantinho das instalações da instituição. Dentro da saleta havia apenas uma mesinha, duas cadeiras e uma pequena estante onde se encontravam alguns livros de estudos doutrinários.

Logo após a prece de preparação do ambiente, Carmela pediu que lhe fosse encaminhado o primeiro assistido da noite. A seguir, uma mocinha encarregada daquela função foi até a sala de palestras e retornou com Beatrice, que caminhava com dificuldade, apoiada em sua bengala.

Carmela a recebeu com um sorriso sincero, tomada de compaixão, percebendo que a mulher, além de aparentemente bastante idosa, era portadora de alguma doença grave.

— Seja muito bem-vinda, minha irmã! – ela disse, ajudando a idosa a sentar-se na cadeira destinada aos assistidos.

Depois, sem deixar de sorrir, sentou-se de frente para ela e olhou-a nos olhos. Naquele momento foi obrigada a reconsiderar em quinze anos a menos a idade que inicialmente julgara que a senhorinha possuía.

Apesar do semblante sofrido e da debilidade física da assistida, um par de olhos esverdeados refletia o brilho característico das pessoas que ainda não depuseram inteiramente a vivacidade da juventude.

— Muito obrigada pelo acolhimento! – respondeu a mulher, com seu indisfarçável sotaque italiano. — Estou muito feliz por ter vindo. Bem me disseram que aqui era um lugar agradável e que vocês tratam a gente com muito carinho.

— Procuramos tratar a todos com dignidade, como nos ensinou o mestre Jesus – explicou a médium sempre sorridente. — Afinal, estamos em uma Casa Auxiliadora, que busca seguir o mais fielmente possível a doutrina do Cristo.

A assistida baixou a cabeça, como se as palavras de Carmela tivessem lhe despertado qualquer coisa negativa. Mas a médium, bastante experiente naquele tipo de assistência, fingiu não ter percebido nada, para não provocar qualquer tipo de embaraço.

É natural que as pessoas que procuram ajuda levem consigo pesado fardo de sofrimento para ser debelado e, dentre as dores da alma, sobressai-se o sentimento de culpa que sempre provoca algum constrangimento quando o nome de Jesus é citado.

A lembrança do Mestre, que foi o maior exemplo de virtudes que passou pelo orbe terrestre, há quase dois mil anos, deixa-nos encabulados ao perceber que mesmo depois de tanto tempo, continuamos indiferentes aos seus ensinamentos.

— Meu nome é Carmela. Estou à disposição para ouvi-la. A senhora pode falar sobre o que quiser – apresentou-se a trabalhadora.

A mulher ajeitou-se na cadeira com um leve movimento de pernas, deitou a bengala no próprio colo, olhou no rosto de Carmela e disse com uma naturalidade surpreendente:

— Eu me chamo Beatrice e... Estou morrendo!

Surpresa com tamanha espontaneidade, a médium a encarou enrugando a fronte, mas não encontrou palavras para responder de imediato. A assistida prosseguiu:

— Como você deve ter percebido em meu sotaque, eu sou italiana, mas vivo no Brasil desde os 23 anos. Mudei-me para cá logo depois do meu casamento, ocorrido há 50 anos.

Essas informações preliminares confirmaram o que Carmela desconfiara em relação à doença, mas não à velhice. A mulher, embora aparentasse uma idade mais avançada, tinha apenas 73 anos de idade. Porém, olhando bem naquele rosto, onde a luz propositalmente opaca da saleta de entrevistas se projetava, podiam-se observar ainda bem vivos os fragmentos de uma beleza incomum; traços suaves e bem desenhados e uma simetria perfeita entre olhos, nariz e boca. Não havia dúvida de que Beatrice fora uma jovem belíssima.

— Eu e meu marido não tivemos filhos, sabe? Acredito que um de nós era infértil, mas nunca nos submetemos a nenhum exame para ter certeza. Tive uma vida relativamente feliz, mas desenvolvi uma grave doença que a cada dia suga um pouco mais as minhas energias. Eu sinto que vou morrer em breve – completou a assistida.

— E por que resolveu nos procurar? – perguntou Carmela, depois de algum tempo em silêncio, analisando as palavras de Beatrice.

A mulher ergueu os olhos, depois os fechou num gestual dramático e afirmou gesticulando a cabeça:

— Vim pela dor, minha filha! Pelo sofrimento... Pelo desespero... Mas não se trata de sofrimento físico, pois a este eu já me acostumei. Falo de uma dor mais forte, uma dor que nenhum medicamento consegue suavizar.

E, ao dizer isto, sua voz foi sufocada por um pranto que por pouco não eclodiu, mas seus olhos ficaram inundados de lágrimas. Enquanto buscava equilíbrio para retomar o controle das emoções, a mulher secou a face com um lenço descartável que Carmela lhe ofereceu.

— Desculpe-me, filha! Mas não está sendo fácil... Eu havia desistido de buscar ajuda... Já tentei de tudo que você possa imaginar, mas nada resolveu. Dia desses, Constância, uma enfermeira que contratei como cuidadora, emprestou-me um livro que falava sobre questões espirituais e a leitura me chamou muito a atenção.

— Que interessante! – exclamou Carmela, incentivando-a a prosseguir.

— No livro dizia que nós, na condição de Espíritos, sobrevivemos à morte do corpo físico e passamos a habitar outra dimensão. Dizia também que é muito comum ocorrer a comunicação entre os que habitam o mundo espiritual e o mundo material. Falava sobre reencarnação e leis universais como livre-arbítrio e causa e efeito, entre outras.

Beatrice curvou-se um pouco para frente, tencionando aproximar-se mais de Carmela e continuou:

— É claro que eu já tinha ouvido falar sobre coisas desse tipo, mas nunca havia parado para analisar. Sempre achei tudo isso muito fantasioso, mas depois da leitura desse livro, foi como se alguém tivesse me orientado a prestar atenção àquelas palavras. Então, comecei a conversar com a Constância sobre esses temas e descobri que ela é espírita e que frequenta este Centro há algum tempo. Durante nossas conversas, conscientizei-me de que daqui a pouco eu estarei habitando o "mundo dos mortos" e não conheço nada sobre ele. Daí surgiu uma pergunta em minha mente: "Será que essa dor imponderável, que nenhum remédio consegue abrandar, não é mesmo proveniente da alma?

Será que este sofrimento não é algo ligado a esses mortos que a gente não vê, mas que, segundo disse o autor do livro, estão se acotovelando ao nosso lado?".

Beatrice fez essa pergunta – que tinha a conotação também de uma súplica – olhando nos olhos de Carmela. Sua voz estava embargada e os olhos esverdeados novamente inundaram-se de lágrimas.

— Desculpe-me – disse ela, voltando a recostar na cadeira enquanto secava os olhos. — Acho que estou muito emotiva...

Sem perder em nenhum momento a serenidade, Carmela disse:

— Não se preocupe, minha irmã. Não há necessidade alguma de se desculpar e, se tiver vontade, pode chorar também. Não há nenhum problema em desabafar. Aliás, é isso mesmo que esperamos de quem nos procura; que desabafe, que fale de seus problemas, de suas dúvidas... É desse modo que saberemos como tentar ajudar.

A ternura com que Carmela proferiu essas palavras tocou fundo no coração de Beatrice, que acabou dando vazão ao choro que lhe oprimia o peito. Durante dois minutos, ela apenas chorou, desprendendo uns soluços tão profundos que lhe estremeciam o frágil corpo, maltratado pela doença.

Carmela levantou-se em silêncio e aproximou-se lateralmente da assistida. Apoiou a mão esquerda no ombro dela e manteve a mão direita espalmada sobre a fronte de Beatrice, revitalizando seu chacra frontal[5], enquanto emitia uma prece pedindo à equipe espiritual da Casa que a auxiliasse naquela assistência.

Naquele pequeno e aconchegante ambiente, o silêncio somente era quebrado pelos soluços de Beatrice, que iam se abrandando aos poucos. Assim, a voz do orador que dava seguimento à palestra da noite pôde ser ouvida no momento exato em que ele referia-se à passagem do Evangelho em que Jesus disse:

"Vinde a mim, todos vós que andais em sofrimento e vos achais carregados, e eu vos aliviarei. Tomai sobre vós o meu jugo, e aprendei de mim, que sou manso e humilde de coração, e achareis descanso para as vossas almas. Porque o meu jugo é suave e o meu fardo é leve."

Naquele momento, Beatrice e Carmela foram profundamente tocadas pelas palavras proferidas há quase dois milênios pelo Cristo e as duas sentiram uma descomunal força interior a lhes impulsionar. Uma, com o mais ardente desejo de curar-se das dores da alma e a outra com a vontade soberana de ser útil ao próximo, colocando em prática o amor incondicional ensinado e exemplificado por Jesus.

---

[5] Chacras são centros de força situados desde a base da coluna vertebral até o alto da cabeça. Cada um deles corresponde a uma das "sete glândulas" do corpo humano. O frontal localiza-se na testa e é responsável pelo sistema nervoso e pela visão.

Capítulo 4

"Não há coração tão perverso que não se deixe tocar pelas boas ações, mesmo a contragosto. O bom procedimento não dá, pelo menos, nenhum pretexto a represálias, e, com ele se pode fazer, de um inimigo, um amigo antes e depois da morte."

O Evangelho segundo o Espiritismo – Capítulo 12 – Item 5

Vitorio e Beatrice

Com a manifestação do Espírito obsessor, ocorrida mais tarde, durante a reunião mediúnica, duas coisas ficaram bem claras para Carmela: os motivos que o mantinham ligado à Beatrice eram muito graves e ele não iria desistir de persegui-la baseando-se apenas naqueles breves minutos de conversa.

A situação exigia uma intervenção mais direta. Então, Carmela pediu às equipes espirituais ali presentes que a permitissem conhecer a história daquele irmão em sofrimento e que mostrassem também a ele equívocos que poderia estar cometendo em seu julgamento.

O recolhimento a que o obsessor fora submetido naquela noite era provisório, tendo em vista sua relutância em permanecer ali. Ele não estava nem um pouco convencido a se afastar de Beatrice e a única maneira de ajudar tanto o agressor quanto sua vítima, era por meio do convencimento.

O assistido encontrava-se estirado em uma maca, sob a ação de fluidos apaziguadores projetados pelos socorristas espirituais e que tinham por objetivo mantê-lo equilibrado durante o diálogo com a médium. Se a conversa fosse bem-sucedida, ele seria conduzido para um ambiente propício ao tratamento de desequilibrados, onde se trabalharia a sua recuperação.

Porém, se Carmela não obtivesse o sucesso esperado, o "Senhor Vingança" poderia retomar a perseguição a Beatrice, prorrogando o sofrimento da mulher e aumentando sobremodo o seu débito moral para com ela, já que, por mais que tivesse sido prejudicado, ele seguia descumprindo os relevantes ensinamentos de Jesus a respeito do perdão das ofensas e da indulgência para com os pecadores.

Apesar do efeito calmante dos fluidos direcionados ao "Senhor Vingança", ele se tornou um pouco hostil ao ver que Carmela insistia em dialogar:

— Poxa, você não desiste mesmo, hein?

— Não desisto, porque minha intenção é ajudá-lo, meu irmão.

— Eu já disse que não preciso de ajuda nenhuma. Quero ir embora. Peça para me liberarem...

— Está bem. Prometo que você estará livre, assim que me der o que eu quero.

— E o que você quer, afinal?

— Quero que reveja comigo a sua trajetória de vida em sua última encarnação.

— Por que está tão interessada?

— Quero saber qual é a razão de tanto ódio.

— E por que eu deveria fazer isto?

— Para que eu possa conhecer as suas razões e, na medida do possível, ajudá-lo.

Desta vez, quando Carmela falou em ajudar, o "Senhor Vingança" entendeu que, se a convencesse de que sua perseguição era justa, ela o auxiliaria a sair dali e retornar para junto de Beatrice.

A médium, que se referia à ajuda no sentido de libertá-lo daquele sentimento negativo e incentivá-lo a considerar a possibilidade de perdoar Beatrice, percebeu o equívoco com que ele havia interpretado a proposta, mas achou melhor não corrigi-lo. Naquele momento, o mais importante era fazer com que o obsessor aceitasse rever o seu histórico de vida.

Depois de um breve silêncio, ele respondeu:

— Ainda não sei se quero fazer isto...

— Encare a revisão de sua vida como uma terapia inofensiva. Tenho certeza de que muitas coisas irão surpreendê-lo – sugeriu Carmela, que conhecia aquele procedimento o suficiente para saber que, uma vez iniciadas as projeções, o Espírito ficaria estimulado a assisti-las até o final.

Novo silêncio e uma pergunta:

— Se aceitar a sua proposta, você garante que eu vou ficar livre?

— É uma promessa – ela respondeu com voz firme, ainda que cheia de ternura.

— Está bem. Vamos rever minha trajetória de vida e você saberá que eu tenho razão suficiente para odiar aquela mulher. Depois quero ficar em paz para seguir o meu caminho e fazer o que é certo.

— Está perfeito assim! – exclamou Carmela, com um confiante sorriso.

Os dois silenciaram e algumas imagens começaram a ser projetadas simultaneamente em seus campos mentais, atraindo-lhes a concentração e o desejo de assistir a tudo nos mínimos detalhes.

* * *

Nas primeiras cenas, ocorridas em um vilarejo, numa região bastante erma da Itália, o "Senhor Vingança" apareceu ainda menino, correndo pelos campos com outras crianças que o chamavam de Vitorio. Depois, apareceu já rapazinho, embarcando com alguns familiares para o Brasil.

Durante a viagem de navio, ele fez amizade com um moço chamado Giovane. Os dois tinham praticamente a mesma idade e alimentavam o mesmo sonho de conquistar uma vida mais promissora em terras brasileiras. À época, o Brasil oferecia muitas oportunidades de trabalho aos imigrantes e, quem tivesse disposição para encarar tanto as tarefas braçais quanto aquelas que requeriam inteligência e sagacidade, tinham grandes possibilidades de crescimento.

No Brasil, Vitorio e Giovane iniciaram suas atividades nos trabalhos portuários. Fisicamente fortes e determinados, logo desempenhavam importantes e promissoras funções. O trabalho junto ao porto os colocou em contato com o comércio de produtos importados, ou seja, das novidades trazidas do velho continente e que faziam grande sucesso entre a classe consumidora de um Brasil que enriquecia graças, principalmente, às atividades mineradoras e à produção agropecuária.

Enquanto assistia àquelas imagens, Vitorio se mostrava bastante compenetrado e claros sentimentos de nostalgia começavam, de algum modo, a amolecer-lhe o coração. Carmela, enternecida, percebia tudo aquilo e se mantinha em silêncio. Ela sabia que o melhor que tinha a oferecer, tanto para ele quanto para Beatrice, era o amor incondicional, o desejo sincero de que se reconciliassem.

E era exatamente por isso que ali estava; procurando isentar-se de qualquer sentimento de parcialidade, evitando levantar valores de juízo; apenas emprestando o seu desejo de ser útil, de abrandar dores, de enxugar lágrimas, como convém a quem milita em favor do próximo.

Essas foram as lições que aprendera ainda na juventude, quando quis conhecer a Doutrina Espírita, descobrira-se portadora de faculdades mediúnicas e decidira engrossar as fileiras de trabalhadores dedicados à caridade promovida pelo amor ao próximo.

"Vinde a mim, todos vós que andais em sofrimento e vos achais carregados, e eu vos aliviarei". Eram as palavras de Jesus a ecoarem em sua mente, a impulsionarem os seus passos e a aquecerem o seu generoso coração.

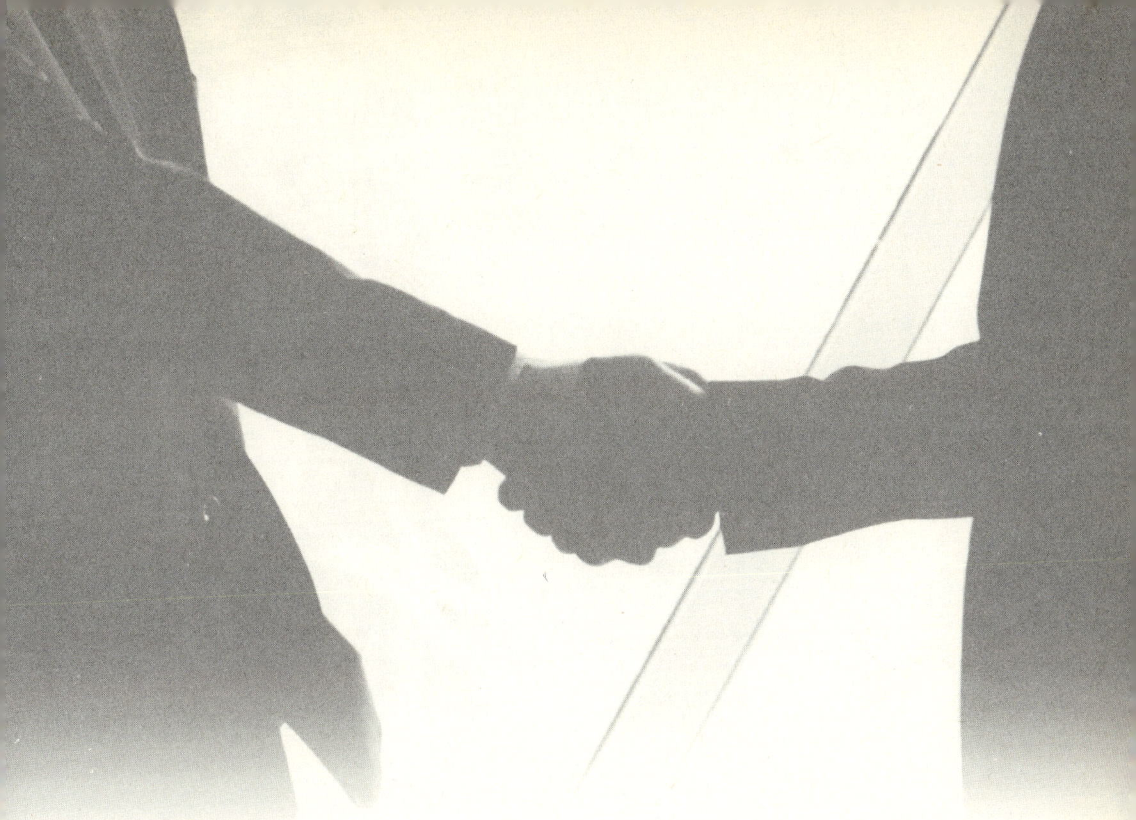

Capítulo 5

"A riqueza é, sem dúvida, uma prova mais arriscada, mais perigosa que a miséria, em virtude das excitações e das tentações que oferece, da fascinação que exerce."

O Evangelho segundo o Espiritismo – Capítulo 16 – Item 7

A sociedade

Novas imagens mostravam Vitorio e Giovane, alguns anos mais tarde. Eles estavam jantando em movimentada cantina, situada próximo à região portuária de importante cidade litorânea do Brasil. Giovane expunha um projeto interessante:

— Você não acha que está na hora de pararmos de trabalhar para os outros e começar a ganhar dinheiro de verdade?

Vitorio, cuja natureza aparentemente não era tão empreendedora quanto a do amigo, respondeu com outra pergunta:

— Sobre o que você está falando, afinal?

Então Giovane inclinou o dorso sobre a mesa e aproximou a boca do ouvido do amigo, como se temesse que a conversa fosse ouvida por mais alguém, e disse:

— Estou pensando em investir no comércio de produtos importados.

Vitorio fez um ar de desdém, espanejando o ar com a mão direita.

— Ah, isso não é para gente como nós.

— Como assim? – perguntou Giovane franzindo a testa e abrindo os olhos com exagero. — Você se sente inferior a esses homens que ganham fortunas com as importações?

Vitorio fez um gesto de desdém, arqueando os lábios. Giovane tornou-se ainda mais efusivo, aumentando o tom de voz:

— Pois eu não me sinto inferior a ninguém. Aliás, pesquise a vida desses comerciantes e veja como ficaram ricos. Muitos deles chegaram ao Brasil nas mesmas condições que nós; alguns em situação até pior. A diferença é que em algum momento da vida, eles tomaram a decisão certa, foram à luta. Aqueles que nunca ousaram, são os que permanecem na pobreza, contando moedas para sobreviver.

Enquanto devorava um prato de macarrão, Vitorio olhava calado para o amigo, que prosseguia persuasivo:

— Se você tiver dinheiro guardado como eu tenho, podemos nos tornar sócios. Garanto que vamos ficar ricos em pouquíssimo tempo. Eu tenho bom faro para os negócios e tenho certeza de que dará certo.

Enquanto falava, Giovane encarava o amigo bem de perto, mirando nos olhos dele, demonstrando convicção e segurança no que dizia. Assim, embora Vitorio nunca houvesse considerado a possibilidade de se aventurar no trabalho por conta própria, acabou se entusiasmando com aquelas ideias.

* * *

Nos dias que se seguiram, Giovane se empenhou ainda mais na empreitada de convencer o companheiro, levando-o a diversos armazéns, conversando em sua presença com tripulantes de navios cargueiros e comerciantes bem-sucedidos; mostrando-lhe que o projeto era mesmo viável.

E foi assim que se tornaram sócios. Embora Vitorio houvesse entrado com uma quantia maior em dinheiro, a sociedade foi estipulada meio a meio, já que Giovane era bem mais ativo, sociável e perspicaz do que ele, qualidades indispensáveis ao bom andamento dos negócios que pretendiam desenvolver.

* * *

Alguns anos mais tarde, quando já haviam alcançado relativo sucesso no ramo empresarial, Vitorio procurou o sócio para uma conversa mais reservada e lhe disse:

— Estou precisando me afastar dos negócios por uns tempos, Giovane. Terei de fazer uma viagem à Itália.

Devido ao semblante sério de Vitorio, Giovane se preocupou.

— Mas o que houve? Algum problema com os seus parentes que lá ficaram?

— Não. Não é nada disso, graças a Deus! Eu vou lhe contar tudo.

Então, Vitorio explicou que havia deixado uma paixão juvenil em seu país natal. Uma mocinha chamada Beatrice que, desde a infância, havia lhe roubado o sossego do coração.

— Na verdade, não chegamos a namorar, até porque eu vim para o Brasil muito novo e ela era apenas uma menina. Era mais uma esperança de minha parte, um flerte ingênuo e inconsequente. Mas prometi que voltaria para pedi-la em casamento, assim que as condições financeiras me permitissem.

— Que história bonita! – exclamou Giovane. — Agora entendo porque nunca o vi nem olhar para as mulheres daqui.

O amigo começou a rir.

— As brasileiras são muito interessantes, mas o meu coração já tem dona há muito tempo – disse Vitorio piscando o olho.

— Mas como sabe que essa moça continua esperando por você? Como sabe que ela não se casou ou que não tenha se mudado para outro lugar?

Vitorio enfiou a mão no bolso do paletó, tirou uma correspondência e a exibiu, sorrindo.

— Por causa disso. Eu e ela estamos nos comunicando há quase um ano. Contei-lhe todas as novidades, inclusive a possibilidade de viajar à Itália, em breve, para conversarmos e, se tudo der certo, voltarmos casados para o Brasil. Em sua última carta, ela me mandou este retrato.

Vitorio mostrou ao sócio a fotografia de uma jovem muito bonita, sentada à sombra de uma árvore. Ao fundo, via-se a imagem bucólica do vilarejo onde ele e a moça haviam nascido.

— Ela realmente é muito bonita! – exclamou Giovane, com uma expressão de deslumbramento.

— E você vê algum problema no fato de eu me ausentar por uns tempos dos negócios? – perguntou Vitorio, guardando a carta e a fotografia no bolso do paletó.

Giovane, que estava sentado à mesa do escritório, levantou-se, apoiou a mão no ombro do sócio e disse com a convicção que lhe era característica:

— Problema? De jeito nenhum! Aliás, vejo dois pontos positivos: um pessoal e um comercial.

Vitorio o olhou curioso.

— Pode me explicar?

Giovane voltou a sentar-se de frente para ele e disse:

— Bem, o lado pessoal é o seu casamento. Isso é maravilhoso! Quanto ao comercial, é que você pode aproveitar a estada na Itália para buscar algumas parcerias para a nossa empresa. Antes de você partir, vou fazer um levantamento, vejo os possíveis novos parceiros e lhe passo um relatório de quem você deve procurar.

Vitorio ficou bastante animado. Na verdade, estava muito mais interessado no casamento do que nas possíveis parcerias comerciais, mas o fato de Giovane haver aprovado o seu afastamento e ainda ter visto a iniciativa de forma tão positiva, deixou-o realmente feliz.

Capítulo 6

"Neste mundo, seja quem for, cada qual tem a sua parte de trabalho e de miséria, seu quinhão de sofrimento e desengano."

O Evangelho segundo o Espiritismo – Capítulo 5 – Item 20

O vento e a borboleta

No vilarejo da Itália onde Vitorio havia nascido, um rapaz e uma moça seguiam por uma estreita vereda em meio à campina. Era primavera e a temperatura agradável da tarde convidava ao passeio.

Ambos, mesmo com a simplicidade de suas vestes de camponeses, possuíam belíssimas aparências físicas. A moça tinha os cabelos castanhos, quase avermelhados, pele muito clara, salpicada por graciosas sardas, e os olhos expressivamente esverdeados. O rapaz era bastante alto, tinha cabelos negros e fartos e os olhos amendoados.

Caminhavam devagar, ela com o braço esquerdo enganchado ao braço direito dele. Com a mão que estava livre, a moça apanhou uma pétala das muitas flores que havia à beira da vereda e disse ao rapaz:

— Veja, Martino, como se faz uma borboleta.

E atirou a pétala ao vento. Como o vento era pouco mais que uma leve brisa, a "borboleta" não foi muito longe, caindo a poucos metros de onde estavam.

— Sua borboleta é muito preguiçosa, Beatrice! Precisa alimentá-la mais – provocou o rapaz, dando uma gargalhada.

— Alimentá-la com o quê? Você sabe o que as borboletas comem? Eu, sinceramente, nunca parei para pensar sobre isso.

— Bem... As outras eu não sei, prima, mas às suas basta um pouco mais de vento.

Beatrice fechou a cara.

— Ai, Martino, como você é chato!

— Chato por falar mal da sua borboleta?

— Não. Por ficar me chamando de prima. Já pedi para não me tratar assim.

— Mas, Beatrice, nós somos primos...

— Primos distantes... Nossos pais não são irmãos e eu nem sei se os nossos avós eram mesmo parentes.

— É. Você tem razão, mas todos nos consideram como primos. Aliás, seus pais só permitem que passeemos juntos por esse motivo. Do contrário, jamais confiariam em nos deixar a sós.

— Como estão enganados! Se soubessem que quem coloca nossos passeios em risco sou eu, não você...

Beatrice puxou Martino pelo braço, fazendo-o parar. Ficou de frente para ele, olhou-o nos olhos e disse:

— Não quero ser sua prima, quero ser sua esposa.

Ele desviou o olhar.

— Nós já conversamos sobre este assunto, Beatrice.

— Sim. E você já me disse que não é o que pretende para a sua vida. Já disse também que ama a Paola, aquela riquinha feiosa... Mas nunca me convenceu. Sabe por quê?

Ele permaneceu em silêncio, demonstrando desinteresse pela resposta. Mas Beatrice não deixou barato.

— Porque você é um mulherengo, desavergonhado. Se amasse a sua noiva, não iria traí-la como tem feito.

O rapaz finalmente reagiu:

— Espere aí. Quando foi que lhe faltei com o respeito?

— Você nunca me faltou com o respeito, Martino, e eu não estou falando sobre mim. Estou falando dos comentários que fazem sobre você.

— Comentários? Sobre mim?

— Isso mesmo. Ou você acha que eu não conheço a sua fama? Segundo dizem, nem as mulheres casadas você respeita.

— Fuxicos de quem não tem o que fazer. Eu trato as pessoas com carinho e esses fofoqueiros de plantão ficam distorcendo os fatos.

— Ah, eu sei! – a moça exclamou com ironia. — Você é um santinho inocente e injustiçado.

Ele a segurou pelos ombros.

— Mas, Beatrice, se é assim que você me vê, por que ainda insiste em querer casar comigo?

— Porque sou uma idiota! – ela exclamou. — Eu queria muito odiá-lo, Martino, mas não consigo. É um inferno! Quando estou acordada, vivo pensando em você; quando durmo, achando que vou ter sossego, você invade os meus sonhos. Mas isso agora vai acabar. Eu já desisti dessa história.

— Desistiu? O que quer dizer com isso?

— Que resolvi aceitar o pedido de casamento do Vitorio. Ele está vindo do Brasil para nos casarmos. Não vou ficar aqui para ver você subindo ao altar com outra mulher que não seja eu. Não vou lhe dar o prazer de me ver chorando por sua causa.

— Mas você não acha que é uma precipitação? A última vez que vimos o Vitorio você era uma criança. Como sabe que vai gostar dele?

— Não se trata de gostar, Martino. Trata-se de casar. São duas coisas bem diferentes. Se eu fosse me casar por amor, teria de ser com você. Todos os outros homens são vulgarmente iguais e não me despertam nenhum tipo de sentimento.

— Mas por que casar assim, tão depressa?

— Depressa? Faz muito tempo que passei dos vinte, não se lembra? Além disso, eu tenho uma boa razão para me casar com o Vitorio. Ele vai me tirar desse fim de mundo. Não nasci para viver no meio do mato.

— E também porque ele vai lhe oferecer uma vida confortável...

— Sim, por que negar? Quando me escreve, ele me conta sobre tudo o que está acontecendo. Vitorio se tornou um homem de negócios muito bem-sucedido no Brasil e isso é maravilhoso!

Martino ficou pensativo e Beatrice aproveitou para provocá-lo:

— Mas eu posso abrir mão de tudo, por sua causa.

— Não! – ele protestou. — Nem pense em fazer isto. Eu sempre fui muito sincero com você. Amo minha noiva e pretendo me casar com ela.

— Ah, é? Pois eu sei que você não a ama, Martino. Quer apenas desfrutar o dinheiro que o pai dela acumulou com a vinícola, explorando a mão de obra quase escrava da gente pobre que vive nesta região. Se ele não fosse um homem rico e praticamente patrão de todos que vivem aqui, você nem olharia para a filha dele, a magrela insossa, com cara de doente.

— Hei! Olha só quem está falando em casamento por interesse. Você acabou de dizer que vai se casar com o Vitorio para ter uma vida de conforto no Brasil...

— Mas disse também que abriria mão de tudo por sua causa. Não me importaria de ser pobre e de passar a vida inteira enfiada nesse meio de mato, desde que fosse para estar ao seu lado e formamos um lar, uma família...

— É, você tem razão. Talvez seja menos interesseira. Mas eu penso diferente; não abro mão de uma vida de conforto por mulher nenhuma deste mundo.

— Viu como eu estou certa? Você não ama a Paola. Só vai se casar por causa do dinheiro do pai dela...

— E por acaso, você ama o Vitorio? Não sabe como ele é fisicamente e muito menos conhece a personalidade dele. A única informação que tem sobre o amiguinho de infância é que ele está rico.

Beatrice queria contestá-lo, brigar com ele, mas não conseguia. Sempre que o encarava, seus olhos traduziam um tipo de sentimento que nada tinha a ver com a raiva que desejava sentir. Olhou-o com ternura, depois fechou os olhos e pediu:

— Beija-me, Martino!

O rapaz acenou negativamente com a cabeça, mas acabou cedendo e beijou-a no rosto. Beatrice o empurrou fazendo-o cair sentado na relva e saiu correndo em direção à casa humilde onde morava. Apesar da idade, às vezes ela tinha atitudes bastante infantis; mesmo tendo experimentado algumas decepções, continuava sendo uma jovem ingênua e sonhadora.

Beatrice gostava de correr de braços abertos, sentindo o vento agitar-lhe a cabeleira ruiva. Nesses momentos, imaginava-se com as asas de uma borboleta e voava mentalmente sobre os campos floridos de sua bucólica aldeia.

Capítulo 7

"Com efeito, nem a fortuna, nem o poder, nem mesmo a juventude em flor, são condições essenciais da felicidade."

O Evangelho segundo o Espiritismo – Capítulo 5 – Item 20

De volta à Itália

A bordo do navio, Vitorio não via a hora de desembarcar em sua pátria natal. Não se desgrudava da fotografia de Beatrice, repetindo para si mesmo como ela era linda e o quanto ansiava por encontrá-la. Em decorrência de tanta ansiedade, sofreu um descontrole alimentar e andou comendo mais do que devia. Com isso, adoeceu e passou boa parte da viagem sob cuidados médicos, queixando-se de enjoos e fortes dores abdominais.

Porém, ao aportar em solo italiano, recuperou-se completamente e chegou cheio de saúde ao vilarejo onde nascera. Ali, alguns de seus parentes e os familiares de Beatrice o esperavam em grande expectativa.

A moça o recebeu com indisfarçada frieza, decepcionada com a aparência física de Vitorio. De baixa estatura, obeso e desengonçado, ele era o extremo oposto de Martino, destoando completamente de sua beleza e jovialidade. Porém, pior do que a ausência de beleza em Vitorio, era a sua falta de carisma e simpatia. Ele era calado, quase não sorria e, quando falava, sua conversa era desinteressante e repetitiva.

Um forte sentimento de repulsa e tristeza envolveu a jovem italiana e ela se arrependeu de haver promovido aquela situação. Não queria mais se casar, mas não podia chegar para o Vitorio e dizer que simplesmente havia mudado de ideia. Tanto os seus familiares quanto os dele estavam animadíssimos com a possibilidade da união entre eles e ficariam muito decepcionados, caso ela desistisse.

Vitorio, ao contrário de Beatrice, estava bastante animado e só via o lado positivo da questão. Fez muitos agrados a ela e à família da moça, dando-lhes presentes caros e até mesmo alguma ajuda financeira, já que se tratava de pessoas pobres, que viviam em dificuldade.

Diante de tanta generosidade, Beatrice percebeu que ele não mentira ao dizer que havia enriquecido, mas percebeu também que isso não era motivo suficiente para amenizar o sentimento de recusa que a assaltara. Descobriu, enfim, que não possuía a mesma natureza interesseira de Martino e não sentiria prazer em afrontar o primo, imitando sua atitude repreensível.

***

Depois de muito pensar sobre o que fazer, Beatrice resolveu ter uma conversa esclarecedora com Vitorio. No fundo, esperava que ele acabasse desistindo daquela história e tomasse a iniciativa de retornar sozinho para o Brasil, deixando-

-a no sossego de sua aldeia, apesar da impossibilidade de ter seu amor por Martino correspondido.

Convidou-o para um passeio pelo campo, quando poderiam dialogar mais à vontade. Sentaram-se no topo de uma colina e a moça iniciou a delicada conversa:

— Vitorio, o que vou lhe contar agora pode mudar o rumo dos nossos planos e eu não vou culpá-lo, caso você desista de se casar comigo.

Completamente apaixonado, ele achou discrepante aquela observação. Por nenhum motivo do mundo desistiria de desposá-la. No entanto, não conseguiu evitar um forte sentimento de decepção quando soube que Beatrice não era tão "sua" quanto julgava.

— Eu não seria honesta se dissesse que o amo, Vitorio. Para ser sincera, você não ocupa um lugar especial em meu coração. Quando aceitei que viesse para conversarmos sobre a possibilidade do casamento, pensei que ainda nutria por você aquele mesmo sentimento agradável de quando era menina. Mas vejo agora que aquilo não passava de uma fantasia, uma ilusão infantil. As coisas mudaram. Não sou mais aquela garotinha ingênua que ficava suspirando quando via você passar.

Vitorio a olhou muito sério. Depois de permanecer pensativo por uns segundos, respondeu com voz quase implorativa:

— Pois eu lhe asseguro que o amor que sinto por você é grande o suficiente para abastecer o meu coração e o seu,

Beatrice. Prometo que vou fazer o possível e o impossível para conquistá-la novamente, para que você volte a sentir por mim o mesmo afeto de quando era aquela menina sonhadora...

Beatrice sorriu com tristeza.

— Aquela menina está morta, Vitorio. No lugar dela existe uma mulher que possui outra visão, outros sentimentos...

Beatrice silenciou sem terminar o que dizia e ele perguntou:

— Outros sentimentos? Há algo mais que queira me contar?

— É que eu... Eu gosto muito de alguém, mas essa pessoa não é você.

E a voz dela soou um pouco trêmula ao fazer essa revelação.

— Você tem um namorado? – ele questionou encarando-a com severidade e uma boa dose de grosseria. — Por que não me disse isso por carta? Por que me deixou vir até aqui?

Beatrice se assustou com a reação agressiva de Vitorio. Segurou na mão dele e procurou acalmá-lo.

— Sossegue, meu querido! Eu não disse que tenho um namorado. Apenas disse que gosto de uma pessoa, mas nunca houve nada entre nós. É um sentimento não correspondido.

Ele não se acalmou muito com a explicação. Continuava furioso; a respiração ofegante, os olhos vidrados...

— Quem é esse sujeito? E onde ele está?

Beatrice pensou em dizer a verdade, mas reconsiderou a ideia. Concluiu que a revelação de que estava apaixonada pelo primo serviria apenas para criar um grande tumulto no ambiente familiar e talvez até gerar um inútil confronto entre Vitorio e Martino. O medo de conquistar a antipatia e inimizade do primo, fez com que ela inventasse uma mentira:

— O rapaz de quem lhe falei viveu pouco tempo nesta região, Vitorio. A família não se adaptou aqui e eles se mudaram no ano passado.

E ela narrou uma história que não era totalmente mentirosa. Na verdade, o que mudava era apenas o protagonista, pois no lugar de Martino, colocou um personagem fictício. Disse que havia desenvolvido um amor imenso pelo rapaz, mas que ele a rejeitara, porque tinha planos de se casar com uma moça rica, a fim de melhorar a sua própria condição financeira.

Vitorio ouviu aquele relato sentindo o coração constrangido pelo ciúme, e o mal-estar que o subjugara no navio voltou a incomodar. Ele queria ser forte o suficiente para jogar tudo para o alto, brigar com Beatrice, chamá-la de traidora, humilhá-la na frente de todos e embarcar no primeiro navio para o Brasil.

Mas fraquejava ao encará-la. Sentia-se desafiado. Não abriria mão de se casar com sua linda escolhida por causa de insignificâncias do passado. Uma vez longe dali, trataria de fazê-la esquecer tudo o que deixara para trás e apossar-se-ia integralmente de seu coração.

Sem soltar a mão de Vitorio, Beatrice o encarou e pediu:

— Você me dá um tempo a mais para pensar sobre o que conversamos?

— Acontece que eu não disponho de muito tempo, Beatrice. Deixei meus negócios nas mãos de meu sócio e não posso me demorar por aqui...

— Prometo que lhe darei uma resposta em breve. Não o deixarei esperando por muito tempo – ela disse decisiva. — Só vou lhe fazer mais um pedido: que esta conversa fique apenas entre nós. Pelo menos, por enquanto.

Vitorio ergueu a mão como quem fosse contestar, mas Beatrice fez sinal para que ele silenciasse e disse:

— É o meu futuro que está sendo decidido aqui, Vitorio. Acho que não estou pedindo demais, estou?

Ele permaneceu estático por um tempo. Depois, meneou a cabeça e respondeu, visivelmente contrariado:

— Está bem, Beatrice, eu vou lhe dar esse tempo.

— E o que mais? – ela perguntou.

— E vou guardar segredo sobre o que conversamos.

Beatrice se levantou e, antes de se retirar, olhou-o com gratidão e disse:

— Obrigada por me entender! Em breve, voltaremos a nos falar.

Capítulo 8

"Só aquele que considera o futuro pode dar ao presente uma importância relativa, consolando-se facilmente de seus revezes, ao pensar no destino que os aguarda."

O Evangelho segundo o Espiritismo – Capítulo 2 – Item 6

Escolhas e renúncias

Gioconda, mãe de Beatrice, observava a filha à distância. Sabia exatamente o que estava acontecendo, percebia-lhe o semblante preocupado, mas fingia não notar, para não interferir na importante decisão que a moça deveria tomar. Foi Beatrice que, não resistindo à pressão do momento, procurou a genitora para desabafar.

— Mãe, eu estou desesperada e, sinceramente, não sei o que fazer.

— Está com dúvida sobre o quê?

— Sobre se devo ou não me casar com o Vitorio – disse a moça, demonstrando contrariedade com um profundo suspiro.

— Filha, eu achei que isso já estivesse resolvido. Ele atravessou o oceano por sua causa...

— Mas eu não lhe dei garantia de que iríamos nos casar. Em nossas cartas, ficou acertado que o encontro seria para conversarmos. Se entrássemos num acordo, pensaríamos em casamento...

— Venha aqui – disse Gioconda, puxando a filha pela mão.

As duas, que haviam iniciado a conversa na cozinha, foram até o quarto de Beatrice e se sentaram na cama.

— Filha, cabeça de homem não funciona como cabeça de mulher. Os homens pensam de modo diferente e eu lhe garanto que Vitorio só veio à Itália por acreditar que voltaria ao Brasil casado com você.

— Mas eu não lhe dei garantia nenhuma...

— Sim. Eu sei disso e sei também que o seu coração não quer esse casamento. Porém, você precisa levar em conta todas as circunstâncias que envolvem a questão e não apenas o que lhe diz o coração.

— Como assim, mãe? Por favor, seja mais objetiva.

— Você está preocupada com a mudança que o casamento representará para a sua vida. A ida para outro país, o distanciamento dos familiares, a saudade que sentirá do passado...

— E a senhora não acha que é motivo suficiente para eu não me casar com o Vitorio?

— Não. Não é, e você sabe disso. Tudo o que relacionei, embora sendo uma realidade, é superável. Situações que o próprio tempo tratará de resolver.

— A senhora tem razão. Talvez o motivo mais forte para me fazer pensar em desistir seja o fato de eu não amar o Vitorio.

Gioconda a encarou com um sorriso malicioso.

— Ou o fato de você amar outro homem?

Beatrice levou um baque. Sentiu o rosto queimar.

— O que a senhora quer dizer com isso?

— Não se faça de inocente, minha filha, nem me julgue tão ingênua. Nós mulheres nos conhecemos muito bem, principalmente em se tratando de mãe e filha.

Beatrice baixou os olhos.

— Então a senhora sabe de tudo?

— Desde que você era ainda uma adolescente. Sempre notei a maneira diferenciada com que tratava o Martino e como se referia a ele em nossas conversas. No início, pensei que fosse apenas uma atração inconsequente, fruto dos primeiros indícios de afetividade das meninas da sua idade. Mas, com o tempo, percebi que era bem mais do que isso.

— E por que a senhora ficou quieta? Por que não fez nada para impedir a nossa proximidade? Os nossos passeios?

— E quem disse que não fiz?

Beatrice a olhou interrogativamente.

— Quando percebi que seus sentimentos pelo Martino eram mais fortes do que eu imaginava, procurei-o para uma conversa muito séria. Seu primo me tranquilizou, dizendo que jamais haveria qualquer contato mais íntimo entre vocês. Ele me disse que não pôde escolher os pais que o puseram no mundo, mas que haveria de escolher os sogros, e que estes teriam de ser ricos, para darem a ele as condições favoráveis que os genitores não puderam dar.

Gioconda acariciou o rosto da filha, tentando abrandar-lhe a revolta provocada por suas palavras, e prosseguiu:

— Permiti que vocês ficassem próximos, por saber o quanto aquilo lhe fazia feliz, minha filha! Porque, apesar de saber que não havia futuro para esse amor, eu sentia o quanto era importante para você alimentá-lo estando perto do seu primo. Permiti, porque Martino me disse saber que se houvesse um envolvimento entre vocês, mesmo que fosse uma breve aventura, isso atrapalharia seus planos de enriquecer por meio de um casamento mais promissor.

Enquanto ouvia a mãe, Beatrice sentia uma raiva imensa crescer dentro de si.

— Por quê? Por quê? – perguntou cheia de dúvidas sobre aquelas revelações.

— Um dos motivos de evitar envolver-se com você seria a possibilidade de isso chegar ao conhecimento do seu pai, que os obrigaria a se casarem. A outra...

Gioconda silenciou, demonstrando arrependimento por ter tocado no assunto. Beatrice a encarou inquisitivamente.

— Qual é a outra possibilidade? Por que a senhora interrompeu a conversa?

— Bem, filha, você é uma moça muito bonita e atraente. Martino tinha medo de se apaixonar por você.

— Medo? Como assim? – ela perguntou indignada.

— Acontece que, se ele se apaixonasse por você, como iria se casar com a filha do vinicultor? Como iria constituir família com outra moça, se o coração dele estivesse desejando você?

Beatrice cerrou os punhos e socou o colchão.

— Droga de vida! Por que eu tive de nascer nesta miséria?

— Porque Deus quis que fosse assim, filha!

— Será mesmo? Ou será que Ele está sendo injusto comigo?

Gioconda se benzeu.

— Não diga heresias, Beatrice! Você sempre confiou em Deus, no amor que Ele tem por todos nós...

A moça fez o sinal da cruz, tencionando se desculpar, mas foi um gesto automático, desprovido de qualquer convicção.

— Eu tenho fé em Deus, mãe, e Ele sabe disso. Mas eu não consigo entender por que aquela feiosa da Paola tinha que ser filha do vinicultor que enriqueceu à custa do suor de homens pobres como o meu pai. Por que eu não nasci no lugar dela para poder casar com o Martino e ser feliz ao lado dele?

Gioconda lançou para a filha um olhar de reprovação e mágoa.

— O quê? Você está renegando seus próprios pais? Que ingratidão é essa?

— Não, mãe! Me perdoa, por favor – suplicou a jovem, atirando-se no colo da genitora e desprendendo sentido pranto. — Não reclamo por ser filha de vocês, apesar das grosserias do papai. Só lamento que tenhamos de ser tão pobres... Tão miseráveis...

Gioconda, percebendo a gravidade daquele momento na vida da filha, acariciou-lhe os cabelos e sentiu uma angústia invadir-lhe o coração.

— Mas veja o lado bom da história, Beatrice. Veja as compensações que Deus lhe dá. Você é uma moça saudável, linda e inteligente. Você é tão privilegiada, que fez um homem rico e honesto atravessar o oceano para vir desposá-la. Um homem que a ama e que fará de tudo para vê-la feliz.

— Mas, mãe, o que eu faço com esse amor imenso que sinto pelo Martino?

— Reserve-o para os seus filhos. Há muitas formas de amor, minha filha. E o amor mais sublime é o maternal...

— Mas eu nem sei se vou ter filhos com o Vitorio.

Gioconda fez Beatrice erguer-se novamente e enxugar as lágrimas. Olhou-a fixamente nos olhos e disse com firmeza:

— Filha, entenda uma coisa: a vida é feita de escolhas e cada escolha exige de nós pelo menos uma renúncia.

A moça movimentou a cabeça negativamente e, antes que dissesse qualquer coisa, Gioconda explicou:

— Quando você decide sair para passear, está renunciando à possibilidade de ficar em casa. Se decide caminhar para a direita, está deixando de seguir o caminho à esquerda. Se você opta por subir a colina, está renunciando à possibilidade de ir ao fundo do vale. Neste momento, a vida está lhe oferecendo duas possibilidades de escolha. Você pode se casar com o Vitorio e ir para o Brasil, viver uma vida de conforto, ao lado de um homem bom, honesto e trabalhador. E pode abrir mão de tudo isso e continuar vivendo aqui, neste vilarejo pobre, sem nenhuma perspectiva de melhora.

— Mas o Martino...

— O Martino não é uma escolha – interrompeu Gioconda. — Nós só podemos optar por aquilo que está ao nosso alcance. As duas opções que você tem são: casar-se com o Vitorio e ir para o Brasil ou dizer não a ele e continuar vivendo aqui, para ver o seu primo se casar e constituir família com a filha do vinicultor. Além disso, mesmo se o Martino fosse uma opção, eu tenho certeza de que você não seria feliz ao lado dele, filha! O meu coração de mãe me adverte que esse rapaz é egoísta demais e que jamais abrirá mão dos próprios interesses por quem quer que seja.

Um silêncio profundo se abateu sobre elas. As últimas palavras de Gioconda ficaram ressoando na mente de Beatrice, mas não a convenceram inteiramente. Ela só conseguia conceber a condição de felicidade ao lado do único homem que despertara tão forte sentimento em seu coração.

Gioconda se levantou lentamente, dirigiu-se à porta do quarto e, antes de sair, falou com a voz carregada de compaixão:

— Fique aí, filha. Reze. Peça orientação a Deus. Reflita bastante sobre o que conversamos e tire as suas conclusões. Qualquer que seja a sua decisão, conte com o meu apoio.

Beatrice fingiu concordar com a mãe, mas estava certa de duas coisas. Primeira: o tal apoio que Gioconda oferecera era irreal, pois ela não tinha qualquer autoridade sobre o marido, um homem machista, intolerante e mandão. Segunda: não estava com a menor disposição para rezar naquele momento e, dependendo do rumo que a história tomasse e do grau de decepção que a vida lhe reservasse, deveria renegar para sempre a condição de religiosa.

* * *

A jovem italiana começava a desconfiar que, se Deus existisse de fato, era incapaz de se compadecer de seus anseios e de atender às constantes preces que a Ele remetia, suplicando bênçãos e alegrias.

Beatrice nem suspeitava, mas estava experimentando na pobreza e na rejeição afetiva a exata condição de vida que escolhera como projeto reencarnatório. Em vidas passadas, tivera na beleza física e na condição financeira privilegiada fatores de degradação moral, provocando e angariando sofrimentos terríveis. Agora, por sua própria vontade, experimentava um pouco da dor disseminada, por meio da expiação[6].

No entanto, amparada pela lei do esquecimento, Beatrice não resistia ao peso das provações e se revoltava, criando um

[6] O objetivo da expiação é reeducar o Espírito para melhor utilização do livre-arbítrio, evitando abusos e reajustando-o às diretrizes das leis universais. É, em outras palavras, uma "ferramenta" a serviço da lei de causa e efeito.

perigoso distanciamento dos Espíritos protetores que a auxiliavam na jornada terrena.

A perda da fé e a revolta contra Deus começavam a criar o ambiente propício para a ação de entidades desequilibradas, que se sentiam atraídas pelos sentimentos negativos da moça e que eram semelhantes às suas baixas energias vibracionais. A lei de atração é infalível e todos estão submetidos a ela: "a flor perfumada atrai borboletas; o monturo fétido atrai moscas".

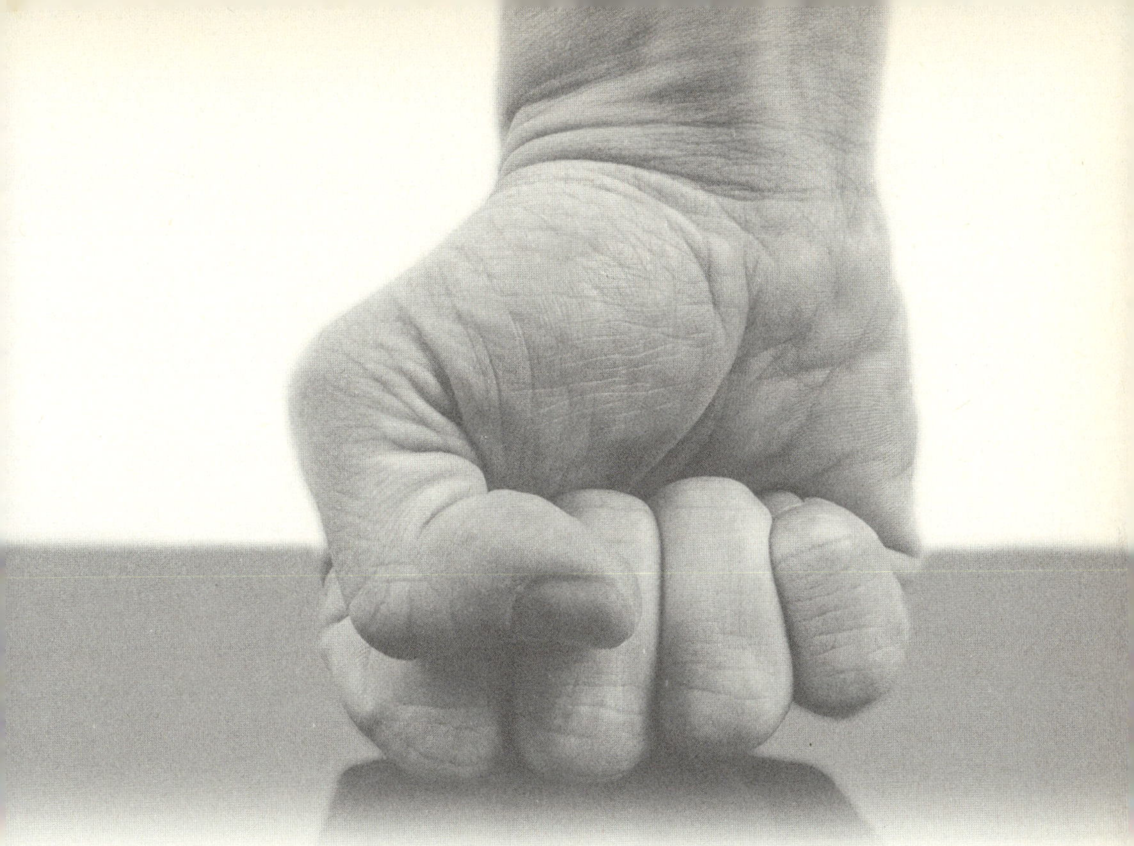

Capítulo 9

"A cólera não exclui certas qualidades do coração, mas impede que se faça muito bem, e pode levar a fazer-se muito mal. Isso deve ser suficiente para incitar os esforços por dominá-la."

O Evangelho segundo o Espiritismo – Capítulo 9 – Item 9

Barril de pólvora

Naquele mesmo dia, quando o pai de Beatrice voltou do trabalho, procurou-a no quarto para uma conversa muito séria. Quando ele disse que o assunto era relativo ao seu casamento com Vitorio, Beatrice pensou que a mãe houvesse contado a ele sobre o diálogo que tiveram de manhã.

— Eu soube que você está pensando em desistir de se casar. Isso é verdade? – perguntou o genitor, com um semblante muito fechado.

— Primeiro, quero saber quem lhe falou isso – respondeu Beatrice, tentando ganhar tempo e acalmar a situação.

Mas Enrico era rígido demais para aceitar o artifício da filha.

— Eu lhe fiz uma pergunta e exijo resposta – ele gritou. – Não lhe dou o direito de me perguntar nada.

Beatrice baixou a cabeça e respondeu com voz quase sussurrada:

— É verdade.

— Fale alto! – vociferou Enrico, cada vez mais alterado.

Ela ergueu a cabeça e, tomada por uma força extraordinária, respondeu encarando-o.

— É verdade, meu pai! Estou pensando em desistir do casamento e penso que isso é um assunto que diz respeito a mim e ao Vitorio.

A atitude de Beatrice e as palavras ditas num tom impositivo foram como acender o estopim de um barril de pólvora.

— Isto é o que você pensa! – vociferou Enrico. — Há muito mais pessoas envolvidas nessa história. Além disso, você vive sob o meu teto, come a comida e veste as roupas que eu compro com o meu dinheiro. Portanto, me deve satisfação.

Beatrice ficou irritadíssima ao ouvir mais uma vez as palavras machistas e impositivas que o pai lhe jogava na cara, sempre que ela o desagradava. Mas percebeu que uma discussão acirrada só faria agravar a crise. Assim, juntou toda a paciência de que era capaz e baixou o tom de voz.

— Pai, por favor, tente me entender. Eu e o Vitorio trocamos correspondência e ele se ofereceu para vir à Itália para conversarmos. A decisão sobre casar ou não seria tomada depois dessa conversa.

— Ah, e você acha justo fazer o pobre coitado atravessar o oceano para ouvir um "não"?

— Esse "não" poderia ter partido dele, meu pai. Ele também poderia ter desistido de se casar comigo e ninguém iria obrigá-lo...

— Não faça comparações – interrompeu-a Enrico. — Vitorio é bem-sucedido e é homem. Você, Beatrice, além de ser uma simples mulher, não tem onde cair morta. Deveria se dar por satisfeita ao receber um pedido de casamento tão promissor. Quantas moças da sua idade não gostariam de estar no seu lugar?

O discurso machista e preconceituoso do pai era bem conhecido de Beatrice. Nos seus 23 anos de idade ouvira-o inúmeras vezes, tanto depreciando a ela, quanto à sua mãe. E cada vez que Enrico repetia aquelas palavras, colocando as mulheres numa condição inferior aos homens, ela sentia o sangue ferver de ódio e só não o destratava por medo de levar uma surra.

No passado, ao ser repreendida por aprontar travessuras pertinentes a qualquer criança, sentira por várias vezes o peso da mão do pai em seu frágil corpo. E essas surras, aplicadas com o pretexto de correção, fizeram com que ela desenvolvesse um temor imenso por ele. Assim, mesmo indignada com as coisas que ele dizia, Beatrice se segurava, pois o medo a deixava paralisada.

— Vou deixar uma coisa bem clara – disse Enrico, encarando-a com raiva. — Se você não se casar com o Vitorio, pode juntar suas coisas e desaparecer daqui. Não vou admiti-la nesta casa depois de ter me feito passar essa vergonha, pois todo mundo aqui da região está sabendo que ele veio do Brasil para se casar com você.

Beatrice sentiu uma angústia imensa invadir-lhe o peito.

— Mas, pai... – tentou contestar.

— Chega! – gritou Enrico. — O que vão pensar de você? O que ficarão dizendo por aí, ao saberem que o casamento não aconteceu?

— Vão saber que eu desisti...

Enrico estava perto da porta e deu um soco nela, assustando Beatrice.

— É claro que não, sua tola! Ninguém vai acreditar que você desistiu de um casamento tão promissor. Dirão que foi o Vitorio que não quis se casar e criarão muitos fuxicos a seu respeito. E eu, como ficarei? Como vou encarar os meus amigos? Como vou explicar para as pessoas que a minha filha foi rejeitada quase à porta da igreja?

Mais absurdos que Beatrice era obrigada a ouvir. Absurdos que ganharam uma força espetacular em sua alma, despertando uma incontrolável onda de revolta.

— Não fale essas coisas! – ela gritou, avançando contra o genitor e socando-lhe o peito; na verdade uns socos fraquinhos, incapazes de fazer mal a uma mosca. — Nunca lhe dei motivo para colocar a minha honra em dúvida.

A reação inesperada da filha fez com que Enrico recuasse um pouco. Gioconda, que acompanhava a conversa do lado de fora do quarto e vendo que a discussão poderia terminar muito mal, invadiu o cômodo no exato instante em que o marido ergueu a mão e esbofeteou Beatrice sem a menor piedade.

A moça caiu sobre a cama, manchando o lençol de vermelho com o sangue que jorrava de seu nariz. Aproveitando o fato de ela estar caída de bruços, Enrico tirou o cinto e aplicou-lhe uma surra. Ao tentar arrancar o cinto de sua mão, Gioconda também recebeu alguns golpes e as duas ficaram jogadas sobre a cama enquanto ele, rosnando feito um bicho, determinou:

— Nossa conversa termina aqui, Beatrice. Você tem duas escolhas a fazer: ou se casa com o Vitorio e leva até o fim essa história que você própria criou, ou arranja outro lugar para viver e desaparece da minha frente de uma vez por todas. Você tem 24 horas para decidir.

Assim que ele saiu, batendo a porta com força, Beatrice, chorando e tentando conter o sangue que se esvaía do nariz, virou-se para a mãe.

— Por que a senhora contou a ele?

Gioconda, cabisbaixa e constrangida com a agressão que sofrera e que não pudera evitar que a filha sofresse, respondeu com um movimento lerdo de cabeça:

— Eu não contei nada para o seu pai, minha filha. Ainda nem tinha falado com ele, depois daquela nossa conversa.

Então a moça compreendeu tudo e, se antes sentia repulsa por Vitorio, a partir daquele momento passou a repudiá-lo ainda mais. Estava na cara que fora ele que, contrariado com o pedido de tempo para pensar, havia quebrado a promessa de manter segredo sobre a conversa reservada que tiveram e fora pedir a Enrico que interferisse na decisão da filha.

Capítulo 10

"Os Espíritos não podem aspirar à perfeita felicidade enquanto não estão puros; toda mancha lhes impede a entrada nos mundos felizes."

O Evangelho segundo o Espiritismo – Capítulo 5 – Item 10

Alimentando esperanças

Beatrice passou a noite em claro, remoendo aquele doloroso episódio. O pai fora taxativo em suas palavras e, por conhecê-lo bem, sabia que ele estava sendo muito sincero. Se desistisse do casamento, não teria alternativa a não ser abandonar o lar. E onde iria viver?

Suas costas ardiam terrivelmente por conta da surra que levara, o nariz estava inchado e dolorido, mas a dor mais pungente era a que sentia na alma. A dor de ter que ouvir o genitor proferir tantos absurdos, sem poder contestar.

Grande desespero invadia-lhe o coração, vendo as horas avançarem enquanto permanecia insone. A manhã logo iria chegar e ela teria de tomar a decisão que mudaria para sempre o rumo de sua vida. Em meio a todo aquele sofrimento, apenas a consolava e enchia de esperança um trecho da conversa que tivera com a mãe:

"Martino fugia dela por medo de se apaixonar."

Era a esse fio de esperança que Beatrice se agarrava para visualizar uma luzinha ao fim do túnel. Se o primo tinha tanto medo de se apaixonar, significava que se sentia atraído por ela de alguma forma. Se sua presença lhe fosse indiferente, por que haveria de ter medo e fugir dela?

Durante a madrugada, ficou maquinando de que modo deveria agir e foi assim pensando que tomou a decisão mais ousada de sua vida.

* * *

Vitorio estava no povoado há doze dias e, desde que aparecera, o primo, que costumava visitá-la uma ou duas vezes por semana, havia desparecido. Martino morava só, numa casinha independente, construída no mesmo quintal da residência dos pais. O local ficava a cerca de vinte minutos de caminhada.

Beatrice o esperou até pela hora do almoço e, como o primo mais uma vez não deu as caras, decidiu procurá-lo. Colocou o vestido mais bonito que possuía e fez uma leve maquiagem, principalmente para disfarçar o inchaço do nariz e a mancha arroxeada que o envolvia.

— Mãe, eu vou dar uma volta. Preciso pensar sobre o que fazer da minha vida – disse, antes de sair.

Gioconda a olhou com tristeza. Ela sabia a angústia que se passava no coração da filha, mas era impotente para ajudá-la.

— Vai para onde, Beatrice?

A moça fez um gesto de pouca importância.

— Só andar por aí.

Gioconda se aproximou e segurou nas mãos dela.

— Você fez uma prece, pedindo orientação ao seu anjo da guarda?

Beatrice teve vontade de desabafar, falando horrores sobre o que começava a pensar a respeito de Deus, de anjos e de proteção espiritual. Porém conseguiu se conter para não escandalizar a mãe e ter de ouvir um pesado sermão.

— Sim! Eu rezei a noite toda – mentiu com um sutil tom de ironia na voz.

Gioconda suspirou aliviada.

— Que bom, minha filha! Vá com Deus e não demore muito.

— Não vou me demorar.

— Você precisa estar aqui quando o seu pai chegar...

— Eu sei. E como sei! Nem precisa me lembrar disso.

* * *

Beatrice seguiu em direção à estradinha que levava à casa de Martino. No fundo, esperava encontrá-lo antes de chegar ao destino. A cada curva do caminho, imaginava que o encontraria indo para sua casa. Mas as curvas foram acabando, ela foi se aproximando da residência do rapaz e nada de ele aparecer.

Quando ela se aproximou do quintal, viu que as duas casas estavam fechadas. Beatrice sabia que toda a família de Martino trabalhava na lavoura e era comum naquele horário todos estarem ausentes. Somente o rapaz, que não era muito dado a trabalhos braçais, costumava estar em casa àquela hora.

Ela entrou na varandinha e espreitou. Tudo era silêncio. Mesmo assim, resolveu arriscar. Bateu à porta e ficou aguardando. Como não obteve resposta, bateu uma segunda vez. Passado algum tempo, decidiu ir embora.

Estava com o coração apertado e uma tristeza imensa invadira sua alma, pensando que talvez nunca mais voltasse a vê-lo. Mas quando estava deixando a varanda, ouviu o barulho da chave na fechadura.

— Beatrice? O que está fazendo aqui? – perguntou Martino, com cara de quem acabara de acordar.

Beatrice se recompôs. A visão do primo a encheu de esperança. Voltou para a varanda e, olhando nos olhos dele, brincou tentando disfarçar o nervosismo:

— Já que Maomé não vai à montanha...

— É melhor que vá embora – ele disse visivelmente encabulado.

Beatrice lembrou-se das palavras da mãe e pensou que, uma vez mais, o primo procurava fugir de uma proximidade maior entre eles.

— Só vou embora depois que tiver uma conversa definitiva com você.

Ele fez um ar de desagrado.

— Mas... Agora? Não podemos conversar depois?

— Não! – ela exclamou decidida. — É agora ou nunca mais.

Ele continuava parado à porta, que estava entreaberta e, antes que dissesse qualquer coisa, Beatrice desabafou:

— Não me pergunte como, Martino, mas eu soube que não é indiferente ao que sinto por você. Sei que você tem medo de se envolver comigo e se apaixonar ou de meu pai obrigá-lo a se casar comigo...

O rapaz fez uma expressão de surpresa e balançou a cabeça energicamente negando o que acabara de ouvir.

— De onde você tirou essas ideia absurdas? Isso não é verdade...

— Deixe de ser mentiroso, Martino! – Beatrice falou quase gritando. — Não vê que está jogando fora a chance de ter ao seu lado a única mulher que o ama e que pode fazê-lo feliz?

— Beatrice, por favor...

— Ouça bem, Martino! Você pode se casar com aquela feiosa da Paola por causa do dinheiro que o pai dela tem, mas não será feliz. Você não compreende isso? Não vê que está desperdiçando a chance de sermos felizes juntos por causa de sua ambição?

Quando Martino ameaçou responder, a porta foi escancarada com um tranco, ele foi empurrado com força e Paola surgiu às suas costas. Beatrice levou um susto ao se deparar com a noiva do primo, que a encarava com ódio.

— Eu bem que desconfiava, sua sem-vergonha! Algumas pessoas já tinham me prevenido que você arrastava asas para o lado do meu noivo, mas eu me recusava a acreditar. Achava que você era certinha demais para isso.

— Paola, calma, por favor... – contemporizou Martino, tentando segurá-la pelo braço.

— A conversa não é com você – disse a moça, desvencilhando-se dele e aproximando-se perigosamente de Beatrice. — Ainda bem que eu ouvi tudo. Está muito claro que a sem-vergonhice aqui parte dela e não de você.

Paola começou a destratar Beatrice, utilizando palavras muito agressivas. Estava na cara que seu objetivo era provocar a reação da moça e criar um pretexto para agredi-la fisicamente.

Mas a prima de Martino encontrava-se fragilizada demais para reagir. O fato de saber que os dois estavam sozinhos em casa, possivelmente dormindo juntos naquela tarde, fora o tiro de misericórdia em sua alma já despedaçada pelos acontecimentos.

Tomada de vergonha e humilhação, Beatrice baixou a cabeça, deu meia-volta e pegou a estradinha de volta.

Capítulo 11

"Quando vos atingir um motivo de dor ou de contrariedade, tratai de elevar-vos acima das circunstâncias. E quando chegardes a dominar os impulsos da impaciência, da cólera ou do desespero, dizei, com justa satisfação: 'Eu fui o mais forte'."

O Evangelho segundo o Espiritismo – Capítulo 5 – Item 18

Raiva e atração obsessiva

Enquanto se afastava, Beatrice continuava ouvindo os gritos de Paola, chamando-a pelos nomes mais depreciativos. Sentiu um ódio imenso invadir seu coração. Caminhou sem sentir os próprios pés e sem direcionar os passos.

Não queria ir para casa, por isso, foi até a beira do rio volumoso que cortava o vilarejo. Sentou-se em uma pedra à sua margem e ficou contemplando os redemoinhos formados pelas águas turbulentas.

Desde menina Beatrice tinha medo daquele rio, onde, de vez em quando, morria um banhista desavisado. Mas nesse momento não sentia medo; sentia atração por aqueles sumidouros. Teve uma vontade imensa de se jogar nas águas e desaparecer.

De repente, um torpor incontrolável a envolveu e, meio dormindo, meio acordada, ela percebeu a aproximação de uma mulher maltrapilha que se sentou ao seu lado. Além da aparência deplorável e do olhar de ódio que a mulher projetava, havia algo como os restos de uma mordaça de couro apodrecida a encobrir-lhe parte da boca.

Beatrice ficou assustada, quis reagir, levantar-se e sair correndo, mas não conseguia se mover. Então se irritou, arranjou coragem e decidiu encarar a aparição e afrontá-la, porém permanecia imóvel, sem conseguir controlar as próprias vontades.

— Não tenha receio – sussurrou a mulher. — Deixe a revolta e o ódio tomarem conta do seu coração. Você não precisa lutar contra isso. O ódio não é um sentimento tão ruim quanto dizem e é ele que vai lhe proteger da maldade do mundo; que vai fazer de você uma mulher vitoriosa e ajudá-la a vingar-se desses malditos que infernizam a sua vida e zombam da sua dor.

— Quem é você? – Beatrice perguntou mentalmente, pois não conseguia mover os lábios.

— Sou apenas uma pessoa que tem acompanhado o seu sofrimento e que decidiu ajudá-la. Porém, se acha importante saber meu nome, pode me chamar de Faustina. Estou aqui para lhe dar um conselho, mas só vou dá-lo se você concordar em ouvir.

— Que tipo de conselho? – questionou Beatrice em comunicação mental com a estranha.

— Você ainda não respondeu se gostaria de ouvir.

Beatrice sentia-se cada vez mais sonolenta e incapaz de se mover, mas a curiosidade e a simpatia que aquela mulher demonstrava pela sua causa, fizeram com que ela respondesse com convicção:

— Sim. Eu quero ouvir o seu conselho.

A outra deu uma gargalhada de satisfação, encarou Beatrice com seus olhos muito negros e disse com voz firme e penetrante:

— Deixe de fazer papel de boazinha. Deixe de ser capacho dos outros, sua tola! O que você tem ganhado com isso? Uma vida miserável, falta de respeito, falta de amor, falta de tudo que você deseja e merece! Uma moça linda como você; com esse corpo escultural, esse rosto belíssimo, esse porte altivo à altura de uma princesa...

— O que devo fazer?

— Você precisa seguir os seus instintos, sem se preocupar demais com questões de falsa moralidade. Sem ficar se perguntando o que as pessoas pensarão de você.

— Mas...

— Nada de "mas", Beatrice! Chega de bancar a certinha! Exija o que lhe pertence. Busque a sua felicidade a qualquer preço! Vingue-se de seus algozes...

— Algozes?

— Sim, sua tola! Ou você acha que está cercada de amigos? Um pai machista, intolerante e agressivo e uma mãe que é incapaz de protegê-la são, por acaso, seus amigos?

Esse comentário pegou Beatrice de surpresa. Ela nunca havia encarado os pais como inimigos, mas as palavras da estranha faziam sentido. De repente, a cena do pai espancando-a e dizendo aquelas provocações machistas ganhou vulto em sua mente e ele lhe pareceu um monstro.

A imagem da mãe, apesar da acusação que lhe foi atribuída, não provocou necessariamente ódio, mas certa revolta em Beatrice. Era óbvio que, mesmo na condição de vítima de Enrico, Gioconda contribuía para que o marido agisse como um troglodita intolerante e agressivo.

Aproveitando-se da instabilidade emocional provocada na moça, a estranha criatura intensificou sua investida:

— O homem que você ama é um ambicioso, capaz de trocá-la por dinheiro. Chama a isso de amigo, amor ou algo assim? Ele é um maldito oportunista que passa por cima do sentimento das pessoas e até dos próprios sentimentos para alcançar objetivos menores.

A imagem de Martino surgiu no campo mental de Beatrice de uma forma extremamente negativa. Ela não conseguiu vê-lo com a beleza física de sempre, mas de um modo distorcido e repugnante.

— Porém, o seu pior inimigo é o tonto do Vitorio – disparou a mulher. — Ele diz que a ama, mas no fundo só pensa em si mesmo. É um egoísta que não se preocupa com os seus sentimentos e acha que pode fazê-la feliz, trancafiando-a numa gaiola de ouro.

Também a imagem de Vitorio se formou na mente de Beatrice de um modo ainda mais negativo do que ela já o via. De repente, o mundo lhe pareceu um lugar horroroso demais para se viver. Sem conseguir se livrar daquele estado de inércia, teve uma visão terrível de sua própria vida. Viu-se cercada de inimigos, de misérias e sofrimentos.

E foram tão negativos os cenários com que se deparou, que ela exclamou automaticamente:

— Meu Deus! Que vida é esta?

A mulher, que permanecia sentada ao lado dela, soltou outra gargalhada.

— Deus? Você ainda insiste em acreditar n'Ele? Deixe de ser tola, menina! Há quanto tempo você e sua mãe vivem rezando, acendendo velas, pedindo auxílio e proteção? E o que recebem em troca? Você é feliz? Sua mãe é feliz?

Beatrice meneou a cabeça em negação. Na verdade nem sabia se havia feito o gesto ou apenas tencionado fazê-lo, tamanha era o estado de torpor em que se encontrava.

— Percebe que rezar não é solução para nada? Que rezar é uma idiotice? Que a existência de Deus é uma grande mentira? – gritou a outra.

E enquanto a instruía negativamente, a entidade rancorosa que chegara até Beatrice atraída pelas próprias vibrações de ódio e revolta emitidas pela jovem, inseria energias corrosivas em seu perispírito e projetava pesadíssimo manancial de pessimismo em seu campo mental, envenenando-a fluidicamente, fazendo-a enxergar um cenário muito mais pesaroso e desanimador do que a realidade lhe apresentava.

E isso ocorreu de modo tão determinante que, ao voltar a si, Beatrice já não tinha a menor dúvida sobre o que fazer da vida. Não se lembrava da visão tenebrosa da mulher maltrapilha, nem das palavras que ela proferira, mas havia absorvido inteiramente a lição de ódio e vingança que lhe fora ministrada naquele curto espaço de tempo.

* * *

Beatrice chegou em casa com um semblante tenso, porém altivo e confiante. Ao vê-la naquele estado, a mãe chegou a se preocupar.

— Você está bem, minha filha? Aconteceu alguma coisa?

Ela encarou a genitora com um olhar altivo e disse com determinação:

— Estou ótima, minha mãe! Como nunca estive em minha vida. Ah, e não se preocupe com o que vou dizer ao meu pai, quando ele chegar. Sei exatamente qual decisão tomar.

Diante de tanta determinação, Gioconda se sentiu mais aliviada. Porém teria se preocupado, se tivesse um olhar mediúnico que denunciasse a presença da entidade trevosa que, à imitação de uma planta parasitária, encontrava-se em perfeita simbiose mental com sua filha.

Capítulo 12

"Nos casos de obsessão grave, o obsedado se acha como que envolvido e impregnado de um fluido pernicioso, que neutraliza a ação dos fluidos salutares e os repele."

O Evangelho segundo o Espiritismo – Prece pelos obsedados

Asas arrancadas

Naquela noite, Enrico não precisou chamar a filha para conversar. Assim que ele pôs os pés em casa, ela mesma o procurou e disse que estava decidida a casar-se com Vitorio.

Ele não a parabenizou, nem se mostrou feliz com a decisão da filha. Achou que ela não estava fazendo mais do que a obrigação, uma vez que alimentara as esperanças do rapaz, fazendo-o empreender a longa viagem para desposá-la.

Aliás, Enrico aproveitou a oportunidade para fazer mais um de seus discursos machistas sobre o papel de obediência e submissão que, no seu modo de entender, cabia às esposas dos homens sérios e responsáveis, dentre os quais ele próprio se incluía.

— Arranjar um bom marido, que ofereça uma vida confortável à esposa, está cada vez mais difícil – Enrico asseverou, lançando para a filha um olhar austero. — Dê graças a Deus por ter conseguido fisgar o Vitorio e trate de fazê-lo feliz, porque casamento é caminho sem volta – advertiu.

Faustina, que permanecia influenciando Beatrice, sussurrou um palavrão no ouvido da moça que por pouco não o pronunciou em voz alta. Ela sentiu um ódio imenso invadir-lhe a alma e a vontade que teve foi de pegar qualquer coisa pesada e acertar a cabeça do pai com bastante força.

A junção da revolta cultivada pelas duas mulheres – encarnada e desencarnada – ganhava um poder extraordinário, entrando no campo perigoso da insanidade, do desejo mesmo de assassinar o pai, considerado agora por Beatrice como um dos inimigos que contribuíam para a sua infelicidade[7].

* * *

No dia seguinte, Vitorio apareceu e os detalhes do casamento foram acertados. Ele não cabia em si de contentamento e Beatrice controlava-se ao máximo para não destratá-lo ou, pior, para não agredi-lo fisicamente quando o noivo lhe fazia uma carícia mais íntima ou direcionava-lhe palavras carinhosas, fazendo juras de amor eterno.

O casamento ocorreu sem delongas. Uma vez convencida a não desistir dos planos, a própria Beatrice tratou de apressar os acontecimentos, pois pretendia estar bem longe daquele lugar quando o primo subisse ao altar para desposar a filha do vinicultor.

[7] A lei de atração coloca o encarnado e o desencarnado na mesma sintonia psíquica, ampliando o sentimento de ambos devido à coalizão do sentido. Quando se refere a ódio, mágoa e frustração, essa ampliação pode se tornar incontrolável, provocando os chamados crimes cometidos sob influência de violenta emoção.

A cerimônia foi bastante simples e a ela compareceram somente os familiares dos noivos. Porém Martino, inventando uma desculpa qualquer, não compareceu e o coração de Beatrice se dividiu em dois: de um lado, lamentou a ausência do rapaz; de outro, achou melhor que ele estivesse ausente. Já que não fizera questão de ser o noivo, que não fosse também um mero convidado a provocá-la com aquele olhar envolvente, que a deixava sem fôlego.

Seu coração oscilava também entre as duas imagens do rapaz que se alternavam em sua mente: a do Martino sorridente e gentil com quem fazia passeios vespertinos e a do ambicioso e calculista que a deixara ser humilhada por Paola. Beatrice lutava consigo mesma para afugentar o sentimento que a mantinha ligada ao primo, mas era uma luta inglória.

De vez em quando, uma voz impositiva parecia soar em seu interior, advertindo-a de que Martino era um inimigo e deveria ser esquecido, pelo menos por um tempo. Ela tentava identificar de onde vinha aquela advertência, mas não conseguia. Faustina, apesar de se manter presente e atuante nas decisões de Beatrice, era uma sombra invisível aos seus olhos materiais.

Graciosamente vestida de noiva, com uma grande flor branca que, presa ao véu transparente, encobria-lhe parte dos cabelos ruivos, Beatrice sorriu quando Vitorio segurou sua mão. A cena parecia perfeita, mas se alguém a perscrutasse com um olhar mais apurado, veria que o sorriso da noiva estava muito longe de representar os verdadeiros sentimentos que infestavam sua alma conturbada.

* * *

A curta lua de mel que se seguiu ao casamento ocorreu durante a viagem de volta ao Brasil e esteve longe de ser o mar de rosas com que Vitorio sonhara. Beatrice passou a maior parte do tempo se queixando de enjoos e dores de cabeça. Nos poucos momentos em que se mostrava mais disposta, fugia às carícias do esposo, sempre com o olhar distante, fitando as águas inquietas do oceano.

Às vezes, era flagrada chorando. Vitorio perguntava a razão e ela dizia que estava com saudade da mãe e do aconchego da casinha onde nascera e vivera até àquela idade. Ele ficava condoído e procurava distraí-la falando dos planos para o futuro, onde projetava riquezas materiais, vida confortável e um lar alegre, repleto de crianças.

— Quem sabe, no futuro, não levamos seus pais para viverem conosco, no Brasil? – ele dizia, tentando alegrá-la.

Beatrice sorria entre lágrimas. A saudade da mãe e dos dias bucólicos vividos entre os campos floridos de sua aldeia era real, mas suportável. O que a levava às lágrimas era o inconfessável sentimento de amor que nutria por Martino; o desejo imenso de estar ao lado dele, de ouvir sua voz grave, sua gargalhada contagiante... Era disso que sentia falta e, imaginariamente, eram os braços dele que a envolviam quando Vitorio a abraçava.

Quando pegava no sono, Beatrice deixava o corpo físico e se encontrava com Faustina, que reforçava as advertências sobre a necessidade de se manter vigilante quanto à ação dos inimigos e de fazê-los pagar pelo sofrimento que lhe era imposto.

— Chega de bancar a certinha! Exija o que lhe pertence. Busque a sua felicidade a qualquer preço! Vingue-se de seus algozes...

E essas palavras ficavam ecoando na mente de Beatrice, que acordava com o desejo renovado de vingar-se de Vitorio. Já que não conseguira se livrar dele, daria um jeito de dificultar-lhe a vida, fazendo-o sentir ao menos um pouco da dor que lhe era imputada.

Enquanto se distanciava dos dias alegres de seu povoado, a jovem italiana sentia-se como uma delicada borboleta que tivera as asas brutalmente arrancadas por conta da egoística vontade de seus inimigos.

Capítulo 13

"O orgulho, eis a fonte de todos os vossos males. Dedicai-vos, pois, à tarefa de destruí-lo, se não quiserdes perpetuar as suas funestas consequências."

O Evangelho segundo o Espiritismo – Capítulo 7 – Item 12

Exigências de Beatrice

O período em que Vitorio esteve ausente do Brasil foi bastante favorável para a empresa. Giovane chegou a se assustar e não entendeu o que estava acontecendo, mas o movimento crescera bastante, exigindo, inclusive, a contratação de novos funcionários.

Além disso, todas as negociações foram altamente positivas, gerando um lucro considerável, fazendo engordar sobremodo as finanças de ambos os sócios.

Meses depois, quando Vitorio retornou da Itália, não trazia nenhuma novidade em relação a novas parcerias comerciais; somente algumas pálidas possibilidades que nunca se concretizaram. Porém, no campo afetivo, a novidade era bem mais esfuziante do que Giovane poderia supor. Beatrice era ainda mais bonita do que ele julgara.

— Então, você é a musa que fez meu amigo Vitorio atravessar o oceano para buscá-la? – brincou Giovane, beijando respeitosamente a mão de Beatrice, ao ser apresentado a ela.

— E você é o grande empreendedor que está ajudando meu marido a ficar rico e poderoso? – ela respondeu sem disfarçar o sarcasmo, olhando-o nos olhos, deixando claro que tinha uma personalidade bem mais arrojada do que a do esposo.

Naquele instante, Giovane teve um mau pressentimento; algo que o atingiu com a rapidez de um relâmpago e logo se desfez. Porém, apesar de breve, a sensação negativa permaneceu gravada em algum recanto de sua consciência. Ocorre que ele havia pressentido a presença obscura de Faustina, mas de modo sutil e instantâneo[8].

Naturalmente, a obsessora teria invadido o campo mental de Giovane. Se ele estivesse acessível às más sugestões, seria mais um aliado a ajudá-la em suas funestas pretensões, mas ele era um homem correto, generoso e bem intencionado. Essa postura o colocava em sintonia com Espíritos moralmente elevados, frustrando as investidas de Faustina.

* * *

Porém, com o passar do tempo, um episódio acabaria criando um clima de instabilidade nas relações amigáveis e comerciais entre Vitorio e Giovane. Ocorre que Beatrice fez questão de se inteirar das atividades da empresa societária e,

---

[8] Algumas pessoas possuem maior sensibilidade para sentirem as presenças espirituais que interagem com os encarnados. Porém, na maioria dos casos, tais percepções passam despercebidas ou são apenas parcialmente notadas.

percebendo o papel passivo de Vitorio diante da postura ativa e predominante de Giovane, inquietou-se e passou a orientar o marido no sentido de se precaver, colocando em xeque a honestidade de seu sócio:

— Onde estão os balanços contábeis da empresa? – perguntou-lhe um dia.

Vitorio fez um gesto de descaso, girando as duas mãos e espalmando-as para o alto.

— Não sei. Na verdade, quem sempre cuidou disso foi o Giovane.

— E como é que você sabe que ele está sendo honesto na prestação de contas?

Vitorio repetiu o gesto anterior.

— Confio no Giovane. Além disso, se me tornei um empresário bem-sucedido, foi por iniciativa dele e o que tenho recebido é mais do que suficiente para não me queixar de nada.

A resposta do marido deixou Beatrice muito irritada. Depois dos episódios desagradáveis ocorridos na Itália e de começar a sofrer a influência negativa de Faustina, ela passou a se comportar como uma mulher fria e ambiciosa. Assim, mesmo contrariando a posição do esposo, imiscuiu-se nos negócios, vasculhando documentos, consultando os empregados e direcionando questionamentos a Giovane, que começou a nutrir imensa antipatia por ela.

Nessa ocasião, Giovane se encontrava noivo de Dalva. Ela também era filha de italianos, mas havia nascido no Brasil, três anos após a chegada da família ao novo país. Contrariamente à Beatrice, Dalva era recatada, tímida e submissa.

Mais até do que sua beleza física, foram esses atributos que conquistaram o coração de seu noivo, já que Giovane, ainda preso à cultura da época, via tais características como importantes qualidades para as mulheres que, em sua concepção, deveriam se ater à vida doméstica, cuidando dos filhos, da casa e do bem-estar do marido.

Quando Giovane e Dalva se casaram, a relação entre os sócios andava abalada por causa da interferência de Beatrice nos negócios e da irritante desconfiança sobre a honestidade do sócio de seu marido. Ainda assim, por uma questão de consideração ao companheiro de negócios, Giovane fez um convite cordial e Vitorio e Beatrice acabaram apadrinhando-lhe o casamento.

* * *

Giovane e Vitorio moravam em casas vizinhas, num bairro de classe média. Os dois compraram os terrenos e construíram suas residências sem luxo ou ostentação, logo no início de suas atividades comerciais, quando o dinheiro ainda não chegava com tanta facilidade às suas mãos.

Dalva era filha de um humilde trabalhador portuário e de uma costureira. Juntamente com mais cinco irmãos, tivera uma vida bastante sacrificada e adorou sua nova residência, sentindo-se imensamente recompensada com o conforto proporcionado pelo casamento.

Mas Beatrice detestou o que encontrou pela frente e fez com que Vitorio lhe prometesse uma moradia mais nobre. Não viera de tão longe para viver desprovida do luxo e da ostentação que o esposo havia prometido.

Um dia, Vitorio comentou com o sócio:

— Terei de comprar um terreno maior e construir uma casa bem grande para satisfazer um desejo de Beatrice.

Giovane o encarou preocupado.

— Mas você está com vontade de fazer isso?

— Não. Por mim continuaria vivendo no mesmo lugar. Não tenho por que me queixar de minha casa ou do bairro sossegado onde moramos.

— Então, por que não faz sua mulher mudar de ideia?

Vitorio suspirou fundo.

— Porque não é assim tão fácil, meu amigo. Beatrice é muito teimosa e já disse que só teremos filhos depois que nos mudarmos para uma casa maior e mais confortável.

— Bem, a decisão é sua – disse Giovane. — Pergunto-lhe apenas se você terá dinheiro suficiente para isso e, mesmo que tenha, se não se trata de uma despesa desnecessária. É prudente manter uma reserva financeira, já que não podemos prever o futuro.

— Não é uma despesa desnecessária – retrucou Vitorio. — É um investimento em minha própria felicidade. Não posso negar que sou um homem apaixonado. Ainda menino, prometi para mim mesmo que me casaria com Beatrice. Quando vim para o Brasil, pedi a ela que me esperasse, garantindo que voltaria à Itália para nos casarmos e ela, bem ou mal, cumpriu a promessa de me esperar. Sei que é uma mulher caprichosa, exigente e mimada, mas é a mulher que eu amo. Então, decidi satisfazer a vontade dela.

Embora discordando do amigo, Giovane deixou de emitir sua opinião, visto que Vitorio estava determinado e que contrariá-lo naquele momento só serviria para piorar a relação entre os dois, que já andava bastante abalada.

Capítulo 14

"Não entrevendo bens mais preciosos que os da Terra, o homem se porta como a criança que nada vê além dos seus brinquedos e tudo faz para obtê-los. A perda do menor dos seus bens causa-lhe pungente mágoa."

O Evangelho segundo o Espiritismo – Capítulo 2 – Item 5

Luxo e frustração

Nos meses que se seguiram, Vitorio se entregou à tarefa proposta. Adquiriu um grande terreno na região central da cidade, contratou um arquiteto para projetar a nova residência e os trabalhos de construção foram iniciados.

Durante esse período, Beatrice, que não cabia em si de tanto orgulho, passou a provocar Dalva, incentivando-a a exigir a mesma coisa do marido.

— Deixe de ser tola! Nós, mulheres, precisamos nos valorizar mais. Você deveria obrigar Giovane a lhe oferecer uma vida mais confortável. Dinheiro para isso ele tem.

Dalva respondia com sinceridade que não fazia questão de nada daquilo.

— Eu já tenho tudo de que necessito. Não sinto falta de nada e não vou forçar o meu marido a fazer o que ele não acha necessário.

A outra fazia ares de desdém.

— São mulheres como você que deixam os homens tão machistas. Cuidado, porque o que a esposa rejeita, pode ser dado à amante.

— Amante? E quem disse a você que o Giovane tem amante?

— Não estou afirmando, apenas lhe prevenindo – sugeria Beatrice, com a intenção maliciosa de criar um clima hostil entre o casal.

Mais até do que a frustração afetiva experimentada por Beatrice em seu casamento sem amor, a presença constante de Faustina em sua vida fazia com que as duas entrassem em uma sintonia perfeita. A companheira invisível da esposa de Vitorio dava-lhe conselhos inconsequentes, que eram seguidos à risca.

Do ponto de vista espiritual, pode-se dizer que Beatrice era como uma máquina guiada pela obsessora, ou um animal que lhe estivesse sob as rédeas. Faustina ditava as regras de conduta e, muitas vezes, inspirava as ações de sua comandada ou até mesmo as palavras que Beatrice deveria dizer e que quase sempre tinham conotação negativa e pessimista.

Assim, mesmo sendo uma mulher de belíssima aparência, sua presença despertava reações adversas. Perto dela, era comum o surgimento de discussão entre casais; as crianças ficavam agitadas, irritadiças e os animais, mesmo os mais dóceis, tornavam-se agressivos e insociáveis.

Isso era provocado pelos fluidos nocivos projetados por Faustina e que se imiscuíam às vibrações de Beatrice, contaminando tudo e todos à sua volta. Tratava-se de uma angustiante e inevitável poluição espiritual que, por sua invisibilidade, era atribuída à presença da jovem italiana.

Desse modo, por suas projeções negativas e pelo conteúdo provocativo de suas palavras, a esposa de Vitorio se tornou uma figura desagradável, gerando um distanciamento gradual das pessoas. Como Vitorio não se desgrudava dela, acabou aderindo, quase sem perceber, ao isolamento social e os dois passaram a viver como que num mundo à parte.

* * *

Ainda sob a orientação de Faustina, Beatrice começou a compensar a falta de emoção em sua vida, usando a beleza física como arma de sedução, retomando, de certo modo, as mesmas atitudes equivocadas da vida anterior, quando abusara de tal atributo.

Embora casada, flertava com outros homens, principalmente com os mais jovens e de boa aparência, muitas vezes até mesmo perto do marido. Mas o fazia com sutileza, de forma que Vitorio desconfiasse, mas não pudesse acusá-la de traição. Se ele fizesse qualquer insinuação a esse respeito, a mulher assumia uma postura inocente, colocando-se na condição de vítima. O máximo que admitia era o fato de ser muito assediada, mas até para isso, ela tinha uma explicação plausível.

— Não tenho culpa de ser uma mulher bonita e de chamar a atenção dos homens.

E, quando percebia a contrariedade que a observação provocava em Vitorio, espezinhava-o um pouco mais:

— Se você não consegue conviver com isso, deveria ter se casado com uma mulher feia.

O comportamento leviano da esposa de Vitorio não gerava maiores consequências, porque não passava de fugacidades e não era levado a termo. Beatrice não se envolvia intimamente com outros homens, apenas gostava de provocá-los; adorava sentir-se desejada e, ao mesmo tempo, de humilhar Vitorio, mostrando o quanto ele era inferior a ela em termos de beleza física.

Se algum desses rapazes se sentisse encorajado pelos flertes e tivesse o atrevimento de abordá-la com um assunto mais pessoal, deparava-se com uma mulher ríspida e mal-educada. Assim, além da frustração da negativa, o indivíduo era assaltado pelo medo de sofrer alguma retaliação pela ousadia, aumentando em Beatrice o prazer de subjugar os homens.

Mas isso também não acontecia. No fundo, ela se divertia bastante com tudo aquilo e prosseguia se submetendo às vontades de Faustina que, cada vez mais desvendava os pontos fracos de sua comandada e ampliava seu raio de ação.

Não tardou para que alguns rumores sobre as atitudes da esposa de Vitorio começassem a circular entre os funcionários da empresa. Um dia, Giovane ouviu uma conversa entre dois rapazes que não haviam notado a sua presença e que dialogavam descontraidamente no corredor, próximo à porta de seu escritório.

— Que bela dona, meu amigo!

— Se é! E você viu como ela gosta de se exibir?

— Como não perceber, se ela faz questão de se mostrar tanto?

— É verdade.

— Você notou como ela gosta de cruzar as pernas e erguer a barra do vestido quando se senta?

— Claro que notei. E ainda fica olhando discretamente para ter certeza de que estamos de olho naquelas pernas perfeitas!

Os dois começaram a rir e Giovane, curioso, já ia se apresentar e perguntar quem era a criatura vulgar a que eles se referiam. Porém, antes que tomasse qualquer iniciativa, ouviu algo que o deixou paralisado.

— Mas precisamos tomar cuidado – disse um dos rapazes.

— Sim – respondeu o outro. — Não podemos nos esquecer de que estamos falando da mulher do patrão.

— É. Não podemos nos arriscar a perder o emprego por causa de uma despudorada...

— Ainda que se trate de uma belíssima despudorada!

E os dois foram embora gargalhando.

Nem foi necessário que os rapazes dissessem o nome da tal mulher. Primeiro, porque todos aqueles predicativos cabiam exclusivamente à Beatrice e não à Dalva, que era uma mulher de beleza comum, quase sem atrativos. Além disso, somente a esposa de Vitorio costumava circular pela empresa e conversar com os empregados. Dalva lá estivera raríssimas vezes, ainda assim, em horários fora do expediente e usando roupas comportadíssimas.

* * *

Depois desse episódio, Giovane passou a observar as atitudes de Beatrice e comprovou o que os rapazes haviam dito. Ela era realmente uma mulher de gestos vulgares. Seus olhares para os homens eram sempre carregados de malícia; seu modo de andar, de sentar-se, de mexer na longa cabeleira ruiva... Tudo nela era provocação.

Um dia, levando em conta o que ouvira e observara, Giovane, em difícil diálogo com o sócio, preveniu-o:

— Vitorio, eu nem sei como lhe dizer, mas estou preocupado com o que vem acontecendo em relação à sua mulher.

O outro o encarou muito sério.

— Preocupado? Preocupado com o quê?

Giovane, desajeitado, coçou o queixo. Era uma conversa complicada de levar adiante.

— É que têm surgido uns rumores sobre o comportamento de Beatrice... Sabe? Nós somos homens íntegros, respeitados... Talvez fosse melhor você pedir a ela que não venha mais à empresa.

Vitorio reagiu com irritação:

— O quê? Dizer à Beatrice que não venha ao meu ambiente de trabalho? Por que motivo eu faria isso?

Giovane tentou contemporizar.

— Bom... É que eu acho que não fica bem... Há homens maliciosos entre os empregados. Veja, por exemplo, a Dalva nunca vem aqui...

Vitorio encarava o sócio com um olhar de incredulidade. Era a primeira vez que Giovane o via daquele jeito.

— Como se não bastasse mandar em tudo aqui, você agora quer cuidar também da minha vida particular? Do meu casamento? Da forma como a minha mulher deve se comportar?

Giovane se encolheu. Não esperava uma reação tão contundente do sócio e simplesmente não sabia o que dizer. O outro prosseguiu:

— Giovane, eu sempre o respeitei. Sempre confiei em você, tanto que o deixo tomar a frente de tudo aqui na empresa. Mas não lhe dou o direito de colocar em dúvida a fidelidade da minha esposa. Isso eu não vou admitir. Se você quer fazer proibições e imposições à Dalva, é problema seu e dela. Em minha vida, quem manda sou eu, ouviu bem?

Deu o assunto por encerrado e foi embora irritadíssimo, deixando Giovane arrependido por ter entrado naquele delicado território.

Vitorio jamais iria admitir, mas no fundo sabia que Giovane estava coberto de razão. Aliás, ele já havia pensado em fazer tal pedido à esposa, mas sabia que ela, além de não acatar, ainda acabaria criando uma tremenda confusão, colocando-se novamente na condição de vítima e condenando a atitude do marido.

Mesmo satisfazendo todos os desejos e caprichos de Beatrice, Vitorio nunca lhe conquistara a simpatia e o respeito. A mulher vivia humilhando-o, chamando-o de frouxo, de feioso, tratando-o com desprezo e, ainda assim, fazendo cada vez mais exigências no campo material.

Quando o casarão ficou pronto, Vitorio, submetendo-se novamente aos caprichos de Beatrice, mobiliou-o com móveis caríssimos, quase todos importados da Europa.

Giovane acompanhava tudo a distância, prevendo, com toda razão, que o companheiro estava gastando mais do que podia. Mas depois da reação que o sócio tivera quando de seu aconselhamento, optou por não dar mais palpites em sua vida.

* * *

Dois anos mais tarde, Beatrice, já morando em sua nova residência, continuou a fazer exigências. Sempre insatisfeita, mal o marido lhe fazia um agrado ela pedia outros.

No entanto, Vitorio também começou a pedir que Beatrice cumprisse sua parte no acordo. Já que estavam morando no casarão que ela exigira para lhe dar filhos, estava na hora de fazê-lo. A esposa pedia paciência e até mesmo demonstrava interesse em cumprir o acordo, mas simplesmente não engravidava, deixando Vitorio bastante chateado.

Por outro lado, Giovane andava feliz da vida, pois Dalva estava esperando o primeiro filho do casal. Não demorou muito para Vitorio e Beatrice perceberem que o fato de estarem vivendo em uma casa grande e luxuosa não era motivo suficiente para fazê-los felizes.

Definitivamente, seu casamento havia sido um grande equívoco, mas cada qual, por suas razões, fingia não ligar para esse importante detalhe.

Capítulo 15

"Nem a lei civil, nem os compromissos que ela determina, podem suprir a lei do amor, se esta não presidir à união. Disso resulta frequentemente, que aquilo que se uniu à força, por si mesmo se separa, e que o juramento pronunciado ao pé do altar se torna um prejuízo, se foi dito como simples fórmula."

O Evangelho segundo o Espiritismo – Capítulo 22 – Item 3

Doença e viagem

Depois de ter se mudado para o Brasil, Beatrice passou a manter contato com a família, por carta. As correspondências eram remetidas para Gioconda, que pedia à filha de uma vizinha para responder, já que ela, apesar de ser uma mulher relativamente culta, não escrevia muito bem.

As novidades ficavam restritas às correspondências que partiam do Brasil: a construção da nova residência, a compra dos móveis importados, o sucesso da empresa do marido, falsos alarmes de gravidez... Da Itália não chegava nada de novo. Gioconda e Enrico continuavam com sua vidinha desenxabida, sem qualquer fato novo para contar.

Porém, um dia, depois de terminar de escrever o que lhe fora ditado por Gioconda, a moça acrescentou um adendo por conta própria, explicando que o fazia em segredo, já que não fora autorizada a tratar do assunto na carta.

"Sua mãe está com um sério problema de saúde; andou fazendo tratamento médico e agora está se tratando em casa.

Ela não quis entrar em detalhes sobre a doença, mas do jeito que se encontra debilitada, eu desconfio que seja câncer."

A notícia mexeu com as estruturas emocionais de Beatrice. Há tempos vivia pedindo ao marido para ir visitar os pais, mas Vitorio, sempre envolvido com as atividades da empresa, ficava adiando indefinidamente a viagem.

No dia em que recebeu a carta alertando sobre o problema de saúde da mãe, ela o procurou no escritório da empresa e disse com voz lamentosa:

— Tenho péssimas notícias da Itália.

O marido a olhou muito sério.

— O que houve? Por que essa cara de velório?

— Minha mãe está muito doente... Pelo jeito é um problema bem grave – ela respondeu mostrando-lhe a correspondência.

Em vez de pegar a carta, ele lançou para ela um olhar de dúvida.

— Será?

— Olhe aí – ela respondeu irritada, atirando o envelope no colo dele. — Pensa que eu estou inventando essa história? Quem fala sobre a gravidade do problema é a moça que mora perto da casa dos meus pais. Ela escreveu escondido, porque mamãe não queria que eu ficasse sabendo de sua doença.

Vitorio deu uma rápida lida no texto. Depois, olhou demoradamente para a esposa e perguntou:

— O que está pensando em fazer?

— Estou pensando em ir para a Itália o mais rápido possível. Preciso vê-la, oferecer ajuda...

— O quê? Você pensa que uma viagem à Itália é como ir do outro lado da rua? Precisa ser programada com antecedência...

— Mas é uma situação de emergência.

— Emergência? E o que você acha que pode fazer? Que sua presença na Itália irá salvar a vida da sua mãe, caso a doença seja mesmo tão grave?

— Pode não salvá-la, mas eu preciso ir...

— Pense assim, Beatrice: se a sua mãe tiver que morrer; se a hora dela tiver chegado, não é a sua visita que irá curá-la. Mas se a doença não for tão grave, ela não vai morrer e, assim que melhorar, nós damos um jeito de trazê-la ao Brasil, para passar uma temporada conosco.

— Não dá, Vitorio. Eu não posso ficar de braços cruzados esperando que o destino de minha mãe seja selado. Eu preciso vê-la.

— De que jeito? Você acha que eu posso largar os negócios e sair pelo mundo na hora que bem entender?

— Você não precisa ir. Eu arranjo alguém para me acompanhar.

— De jeito nenhum! Só eu estivesse louco para deixar minha esposa cruzar o oceano na companhia de qualquer pessoa. Isso está fora de cogitação.

— Você está sugerindo que eu finja que não está acontecendo nada? Que ignore o fato de que minha mãe possa estar morrendo?

— Não seja exagerada. Na carta diz que ela está doente, não que está morrendo.

Praticamente todas as conversas entre Beatrice e Vitorio eram carregadas de ofensas e contrariedades. Sua relação era distante e a cada dia que se passava, parecia esfriar ainda mais. O tom de suas vozes, quando se dirigiam um ao outro, era sempre agressivo.

A discussão sobre a possível viagem à Itália não foi diferente. Beatrice não abria mão de ir visitar a mãe e Vitorio tentava convencê-la por todos os meios a desistir da ideia. Dois dias se passaram sem que os dois chegassem a um acordo.

À noite, durante o sono, Faustina dava muitos conselhos à Beatrice, incentivando-a a não ceder à má vontade do marido; lembrando que Vitorio era um inimigo egoísta e que não merecia a menor consideração.

— Você não pode deixar esse homem ditar as regras da sua vida – dizia Faustina com firmeza.

— E o que sugere que eu faça?

— Ameace separar-se dele. Diga que não vai ficar ao lado de um homem tão insensível, que não consegue compreender a dor de uma filha que recebe uma notícia negativa a respeito de sua mãe.

E as duas conversaram bastante. No dia seguinte, Beatrice acordou inspirada e, logo no café da manhã, já foi dizendo:

— Vitorio, tenho uma proposta muito séria para lhe fazer.

Ele a olhou aborrecido.

— Se for sobre a viagem à Itália, não perca seu tempo. Já decidimos que não é hora de viajar...

— Na verdade, não fomos nós que decidimos; é você quem está tentando decidir por nós – ela respondeu secamente. — Mas não é sobre a viagem que eu quero falar. É sobre o nosso casamento.

— E o que tem o nosso casamento?

— Tem tudo de ruim! E eu quero me separar de você.

— O quê? Ficou louca? Perdeu o juízo?

— Não, Vitorio, nunca estive tão lúcida em minha vida. E é justamente por estar tão lúcida, que me dou conta de ter casado com um homem que não merece a minha companhia. Um homem frio, egoísta e insensível...

— Espere aí...

— Espere aí, você! Eu ainda não terminei de falar. Quando estávamos para nos casar, eu disse que não o amava e você prometeu que conquistaria o meu coração. Mas você acha que pode conquistar o coração de uma mulher, demonstrando tanto desinteresse pelo que é importante para ela?

— Beatrice...

— Chega, Vitorio! Durante todo esse tempo em que estamos juntos, você não conseguiu me conquistar e não se esforçou nem um pouco para isso. Portanto, eu acho que as tentativas devem terminar aqui. Rompemos o compromisso matrimonial e eu vou para a Itália ficar ao lado da minha mãe, que está precisando de mim neste momento.

Vitorio ficou abalado diante do que ouviu. E não foram somente as palavras de Beatrice que o abalaram, mas a convicção com que elas eram ditas. De repente, ele voltou a sentir a mesma insegurança de quando a esposa, antes do casamento, confessou que era apaixonada por outro homem. Sentiu também a mesma necessidade de prendê-la junto a ele, de tê-la ao seu lado...

— Você tem razão – disse ele com voz desanimada.

Beatrice o olhou surpresa.

— Quer dizer que você concorda com a separação?

Ele se sobressaltou.

— Não! De jeito nenhum! Estou falando sobre ir visitar a sua mãe. Quanto à separação, não há a menor possibilidade de eu aceitar. Mas vou pensar em um modo de fazermos a viagem à Itália.

Bastante influenciada por Faustina, Beatrice o encarou e decretou:

— Não. Eu não quero que você viaje comigo. Não quero que abandone o seu trabalho por minha causa.

— Você não vai viajar sozinha, Beatrice. Eu a proíbo...

— Não irei sozinha. Já conversei com a Lindaura, nossa cozinheira, e ela autorizou a filha a viajar comigo.

Tudo aquilo deixou Vitorio irritado e inseguro. Ele conhecia a natureza intempestiva da esposa; estava acostumado a conviver com suas exigências, seus caprichos... Mas aquilo já era demais. Beatrice havia programado a viagem, arranjando inclusive alguém para acompanhá-la, sem que nada lhe fosse dito.

Mas ele sabia que ela estava decidida e nada a faria desistir. Vitorio tentou, em outros momentos, induzi-la a mudar de ideia e permitir que ele fosse junto, mas, cada vez mais inspirada por Faustina, ela foi taxativa:

— Quero aproveitar esse período longe de você, para fazer um balanço sobre o nosso casamento. Faça o mesmo. Quem sabe esse tempo longe um do outro não sirva para nos aproximar mais, no futuro?

— Eu não tenho nada que pensar sobre o nosso casamento, Beatrice. Tenho convicção de que a amo e pretendo ficar o resto dos meus dias ao seu lado.

— Sempre pensando exclusivamente em você, não é Vitorio? "eu sei!"; "eu quero!"; "eu decido"... Você acha que todo mundo tem que agir de acordo com a sua vontade.

— Pare de dizer esses absurdos! Tudo que tenho feito nos últimos anos é satisfazer às suas vontades; realizar os seus caprichos, as suas vaidades...

— No campo material, sim. Mas somente aí. No campo afetivo, nossa relação é um fracasso.

— Um fracasso, porque você é incapaz de sentir amor por mim.

— Mas isso não é novidade. Você foi avisado antes do casamento e, ainda assim, quis pagar para ver. O problema, Vitorio, é que você não cumpriu a sua parte.

— Tento cumprir, mas você é uma mulher frívola, incompreensível e ingrata.

— Mais um motivo para fazermos um balanço sobre a nossa relação – ela disse com despeito.

Vitorio suspirou profundamente e silenciou. Sentia o peito oprimido e uma dorzinha aguda começava a incomodá-lo. Quando deu meia-volta para se retirar, sentiu a vista escurecer e uma breve vertigem quase o fez cair. Mas conseguiu firmar-se, sem que Beatrice percebesse o súbito mal-estar, e encaminhou-se para a saída.

Antes de deixar a casa e seguir para a empresa, ouviu quando a esposa, talvez movida por um resquício de compaixão lhe disse:

— Quem sabe eu não volto da Itália com a mesma convicção que você tem sobre a maravilha que é o nosso casamento?

E nada mais foi dito sobre o assunto. Beatrice passou os próximos dias se preparando para a viagem, deixando Vitorio preocupado, irritado e muito inseguro quanto ao futuro. Mais uma vez, foi assaltado por um desejo imenso de mandá-la para o inferno, de livrar-se definitivamente daquele fardo, mas a vontade de manter Beatrice ao seu lado era mais forte que tudo. A simples ideia de imaginá-la nos braços de outro homem, caso viessem a se separar, provocava-lhe uma ira incontrolável e ele não descartava a possibilidade de dar fim à vida da esposa, se ela tomasse a decisão de abandoná-lo.

Todo o furor daquela silenciosa guerrilha era pressentido e comemorado por Faustina, que se divertia com tudo aquilo.

Capítulo 16

"Nas condições ordinárias do casamento, é levada em conta a lei do amor? Absolutamente! Não se consulta o sentimento mútuo de dois seres, que se atraem reciprocamente, pois na maioria das vezes, esse sentimento é rompido. O que se procura não é a satisfação do coração, mas a do orgulho, da vaidade, da cupidez, numa palavra: todos os interesses materiais."

O Evangelho segundo o Espiritismo – Capítulo 22 – Item 3

Cenas do passado

De volta à Itália, o reencontro com os familiares não promoveu grandes emoções em Beatrice, a não ser a preocupação de ver a mãe tão debilitada, magra, pálida e com profundas olheiras escuras. Gioconda recebeu a filha com grande alegria, mas poucas horas depois de estarem juntas, já vivenciavam a mesma rotina de anos atrás.

Enrico não havia mudado em nada e reprovou a viagem de Beatrice em companhia apenas da filha da cozinheira.

— Você não deveria ter vindo sem o seu marido – ele disse, repetindo seu velho discurso machista.

— O Vitorio está muito ocupado, pai. Não fazia sentido tirá-lo do trabalho para me acompanhar.

— Então, você não poderia ter viajado. Deveria ter ficado ao lado do seu marido, ajudando a cuidar dos interesses dele.

— Mas a mamãe está doente...

— Sua mãe está nas mãos de Deus e não vai morrer enquanto não chegar a hora. Sua presença aqui não vai alterar em nada o estado de saúde dela.

Quando a fala do pai começava a irritá-la, Beatrice arranjava um pretexto qualquer e se afastava. Não conseguia ouvir-lhe a voz por muito tempo sem se lembrar das agressões que sofrera em suas mãos e sem evitar um forte desejo de desforrar-se dele.

O estado de saúde de Gioconda alternava momentos de graves crises com outros de melhora significativa. O tratamento orientado pelo médico era feito em casa, já que o hospital mais próximo ficava a mais de cem quilômetros da aldeia.

Beatrice chamou para si a responsabilidade de cuidar da mãe, ministrando-lhe os medicamentos e cuidando de sua dieta e dos procedimentos orientados pelo médico. Júlia, a filha da cozinheira de Beatrice, apelidada de Julhinha por ser anã, ajudava nas tarefas domésticas, mas o fazia contrariada, pois detestava trabalhar.

Por conta da preguiça, da rebeldia e da má vontade de Julhinha em ajudar nas mínimas tarefas, vários desentendimentos haviam ocorrido entre ela e Beatrice, que se arrependeu de tê-la convidado para a viagem. Antes daquele período juntas, as duas tinham se visto pouquíssimas vezes e praticamente não se conheciam.

Na primeira vez que foi convocada para lavar a louça, a anã se esquivou:

— Nunca lavei panelas e não sei como fazer.

— Pois eu pensei que você fosse trabalhadeira como a sua mãe – falou Beatrice. — Se soubesse que era tão indisciplinada e preguiçosa, não a teria trazido comigo.

— E se eu soubesse que seria tratada como escrava, não teria aceitado o convite para fazer essa viagem. Você pode mandar em minha mãe, que é sua empregada, mas não manda em mim só porque sou filha dela – desafiou Julhinha e completou com ironia: — A Lei do Ventre Livre no Brasil foi aprovada antes da Abolição, sabia?!

— Não me interessa – gritou Beatrice. — Trate de lavar a louça, que eu estou mandando!

— Eu já disse que não sei lavar louça. Além disso, não alcanço a torneira.

Beatrice arrastou uma cadeira e a posicionou ao lado da pia.

— Não seja por isso. Suba aí e mãos à obra. É trabalhando que se aprende.

A anãzinha soltou um palavrão. Beatrice pegou-a pela gola do vestido e a ergueu, colocando-a em cima da cadeira.

— Sua folgada! Você acha que está aqui a passeio, é? Trate de lavar a louça e depois varra a casa direitinho, se não eu volto sozinha para o Brasil e deixo você aqui. E ainda digo para a sua mãe que você caiu no mar e virou comida de tubarão.

Espírito orgulhoso e rebelde, também em complicada experiência encarnatória, Julhinha ficou com muita raiva. Era filha de empregada doméstica, porém não pretendia ter a mesma profissão da mãe, que considerava humilhante. Porém ali, tão longe de casa, não teve escolha e mesmo contrariada precisou se submeter às ordens de Beatrice.

Nos dias que permaneceu na Itália, Julhinha desenvolveu um sentimento bastante negativo em relação à patroa de sua mãe. Tudo aquilo parecia obra do acaso, coisas pequenas e sem importância, mas não era bem assim. O comportamento da anãnzinha era influenciado por Faustina que, oculta em seu sombrio submundo, a tudo observava com satisfação, prevendo meios de tirar proveito daquela animosidade.

* * *

Numa tarde de temperatura agradável, Beatrice decidiu reviver os antigos momentos de sua mocidade, fazendo um passeio pela campina. Como no passado, arrancou uma florzinha e a atirou ao vento, lembrando-se da risada contagiante de Martino ao dizer-lhe que precisava alimentar suas borboletas.

Naquele momento, sentiu o peito aquecido pelo antigo sentimento que ainda pulsava com surpreendente vivacidade em seu coração. Muitas perguntas começaram a pulular em sua mente:

Onde estaria Martino? Seria feliz em seu casamento com a filha do vinicultor? Continuaria sendo o sem-vergonha de sempre ou teria criado juízo?

E foi em meio a esses questionamentos que teve a sensação de ouvir a voz do rapaz:

— Beatrice! Beatrice! Me espera, prima!

Ela parou, prestou atenção ao que ouvia e a voz se tornou mais nítida. Voltou-se e se deparou com Martino correndo em sua direção, com a cabeleira agitada pelo vento e aquele sorriso inconfundível que iluminara os sonhos de sua mocidade.

Beatrice sentiu as pernas fraquejarem e o coração entrar num ritmo descompassado, quase a saltar-lhe pela garganta. Martino se aproximou afoito, tomou-a nos braços e a ergueu como nos velhos tempos. Girou-a no ar e rodopiou com ela, gargalhando, até caírem no meio do capinzal.

Num primeiro impulso, Beatrice se divertiu com tudo aquilo e, sentindo seus lábios tão próximos aos do primo, quase o beijou. Porém logo se recompôs, assustada com o próprio comportamento, levantou-se desamassando o longo vestido que usava e o encarou com reprovação.

— O que é isso, Martino? Está louco? Você não pode tratar uma mulher casada com esses modos.

Ele fez um gesto de descaso.

— Pois, para mim, você será sempre a adorada priminha dos passeios vespertinos.

Sentaram-se e, aos poucos, as emoções de Beatrice foram se serenando.

— Quando fiquei sabendo que você estava na aldeia, vim correndo lhe ver. Passei em sua casa e tia Gioconda me disse que você estava passeando. Calculei que estaria aqui, nesta campina, entre flores, borboletas e... "borboletas de flores" – ele disse rindo e fazendo Beatrice rir também.

— Como está a sua vida? – ela perguntou.

— Muito sem graça. Sem novidade nenhuma. E a sua, como está?

— Com muitas novidades! – ela exclamou provocativa. — Ganhei uma casa linda de presente do meu marido e estou bem adaptada à vida no Brasil, onde sou tratada como uma dama da alta sociedade – exagerou.

Ele a olhou com algum ceticismo.

— É mesmo? E você está feliz?

Ela forçou um sorriso.

— Sim, estou muito feliz! E você? Como está a vida de casado? Você e Paola são felizes?

Martino balançou a cabeça.

— Acabou.

Beatrice o olhou surpresa, franzindo o cenho.

— Como assim, acabou? Quer dizer que você se separou da Paola?

— É uma história meio chata... Não vale a pena falar sobre isso.

Ela deu de ombros.

— Bem, de qualquer modo não é problema meu. Aliás, eu já desconfiava que o seu casamento não fosse durar mesmo.

— Mas, antes que tire qualquer conclusão precipitada ou que dê ouvidos a alguma história escabrosa, já vou lhe dizendo que não foi por minha culpa – ele se defendeu.

Ela voltou a dar de ombros, disfarçando a imensa curiosidade que sentia naquele momento.

— Já disse que não é problema meu.

E os dois continuaram conversando como nos velhos tempos. Beatrice percebeu que, apesar da distância e de tudo o que acontecera naquele período de ausência, continuava nutrindo pelo primo o mesmo sentimento de outrora. Mas, agora, esse sentimento não possuía a mesma pureza de antes. Era como se estivesse contaminado por algo negativo, que lhe tirava boa parte do colorido.

* * *

Mais tarde, conversando com a mãe, Beatrice perguntou o que havia acontecido com Martino. Gioconda lhe disse:

— É uma história confusa e muito mal contada. Mas o que se afirma por aí é que o sogro do Martino o flagrou traindo sua filha com uma empregada da vinicultura e o expulsou de lá a pontapés. Dizem que Paola, apesar da traição do marido, não queria se separar, mas o pai a obrigou e a mandou viver com parentes numa cidade muito distante daqui. Seu primo foi escorraçado da casa do sogro e andou um bom tempo sumido da aldeia. Na verdade, faz bem pouco tempo que retornou.

— Mas ele me disse que a separação não se deu por culpa dele.

— Sim. O Martino conta uma história diferente. Diz que o sogro nunca o aceitou e que forjou o tal flagrante de traição para se livrar dele. Isso faz sentido, pois o vinicultor deve ter percebido que o genro não passava de um aproveitador preguiçoso e cheio de ambição. Há quem afirme que ele explorava Paola financeiramente, convencendo-a a pedir dinheiro ao pai e dar para ele gastar com jogos e bebedeiras. Estava claro que Martino não sentia amor pela esposa e que jamais lhe seria fiel.

— Será que foi isso mesmo?

— Não há como saber a verdade. É a palavra de um contra a do outro. De qualquer modo, o casamento se desmantelou e o seu primo, depois de um tempo sumido, provavelmente com medo de um confronto com o sogro, reapareceu e voltou à vida de antes. Agora anda por aí, desleixado, sem trabalho, vivendo à custa dos pais como sempre fez.

Beatrice sabia que era incorreto, mas não conseguia deixar de sentir grande entusiasmo com aquela novidade. No fundo, sentia-se um pouco vingada pela humilhação que sofrera anos atrás, quando fora desfeiteada pela noiva do primo.

Seu casamento também não era um mar de rosas, mas pelo menos não havia terminado. Além disso, a vida de luxo e conforto que Martino esperava angariar acabara sendo conquistada por ela e não por ele.

— Bem feito para os dois! – exclamou para si mesma, sem perceber que a satisfação que sentia era compartilhada com sua "conselheira" invisível.

Capítulo 17

"Porque, se o homem sábio é uma raridade neste mundo, o homem realmente feliz não se encontra com maior facilidade."

O Evangelho segundo o Espiritismo – Capítulo 5 – Item 20

Apuros e amizade

No Brasil, as coisas não iam muito bem. O problema é que a viagem de Beatrice fora um duro golpe para Vitorio, que não se conformava com a rebeldia da mulher e menos ainda com a possibilidade da dissolução do casamento. Pelo que a esposa dissera e por seu comportamento frio e irritadiço, o mais provável era que ela retornasse da Itália determinada a separar-se.

Às vezes, ele era assaltado por pensamentos inquietantes ou sonhava que Beatrice o estava traindo, e acordava suando frio, com o coração sobressaltado e uma dorzinha aguda a ferroar-lhe o peito. Vitorio não sabia até que ponto teria coragem de levar a termo a ideia de assassinar a esposa, caso ela insistisse em deixá-lo, mas, por via das dúvidas, decidiu comprar um revólver, municiou-o e o trancou numa gaveta da escrivaninha, da qual só ele possuía a chave.

Na solidão da casa imensa que construíra por exigência da mulher e que era agora compartilhada apenas com duas empregadas que mal abriam a boca, ele se desesperava esperando que ela voltasse. Um misto de tristeza, revolta e insegurança o mantinha diuturnamente em alerta. Aos poucos começou a se sentir doente, enfraquecido e pessimista.

Além dos problemas na vida conjugal, Vitorio tinha outra razão para se preocupar: estava bastante endividado. Não só havia gastado todas as reservas que possuía para satisfazer os caprichos de Beatrice, como tivera de contrair empréstimos para arcar com todas aquelas despesas. E justamente no momento em que mais precisava de dinheiro, a empresa havia entrado em crise por conta da ação de forte e desleal concorrência, e estava há mais de um ano praticamente sem dar lucros.

O pior é que Vitorio não se sentia encorajado a desabafar com o sócio sobre os seus problemas. Afinal, Giovane o aconselhara a não gastar tanto e ele ignorara a advertência. Na verdade, desde que Beatrice começara a interferir nos negócios do marido, levantando suspeitas sobre a honestidade de Giovane, uma geleira se ergueu na relação entre eles e agora um diálogo mais amigável era quase impossível.

* * *

Um dia, Giovane entrou no escritório do sócio no momento exato em que ele sofria uma das crises que vinha enfrentando. Vitorio levou a mão ao peito, começou a suar, ficou muito pálido e precisou escorar-se na mesa para não cair. Giovane se aproximou rapidamente, ajudou-o a sentar-se numa cadeira e perguntou:

— O que houve? Não está se sentindo bem?

Vitorio fez um gesto de descaso, minimizando o que sentira.

— Não venho me sentindo muito bem, ultimamente. Às vezes, tenho umas vertigens, seguidas de dor no peito e escurecimento da vista. Acho que a comida da Lindaura está me fazendo mal. Preciso pedir para ela diminuir o tempero. De vez em quando sinto como se gases dolorosos passeassem pelo meu corpo, principalmente no peito e nas costas.

— Você não acha melhor procurar um médico? – perguntou Giovane, preocupado.

— Vou esperar mais um pouco. Se não melhorar, eu faço uma consulta.

— Isso mesmo. Cuide-se, meu amigo!

Vitorio logo se recuperou daquele mal-estar. Os dois trataram de uns assuntos da empresa e quando Giovane já ia saindo, teve uma ideia. Voltou-se e disse:

— Por falar em tempero, você não gostaria de ir jantar em minha casa, hoje? Tenho certeza de que a Dalva e as crianças ficarão muito felizes em revê-lo. Faz tempo que você não nos visita.

O primeiro pensamento que passou pela cabeça de Vitorio foi recusar, há tempos a relação entre eles estava restrita às questões profissionais. Porém pensou melhor e reconsiderou. Afinal, estava mesmo se sentindo tão solitário e aquele jantar poderia representar uma reaproximação entre ele e o sócio. Os dois estavam juntos há muitos anos e, apesar do mal-estar provocado pelas atitudes de Beatrice, continuavam amigos.

* * *

Durante a visita, Vitorio se sentiu mais em paz, conversando descontraidamente com Giovane e Dalva e brincando com os filhos do casal, que eram agora dois meninos e uma garotinha recém-nascida. Vitorio fez alguns comentários sobre sua vida e deu a entender que estava passando por um momento bastante complicado, mas não foi induzido a entrar em detalhes para que não ficasse constrangido.

Mais tarde, depois do jantar, todos se retiraram, deixando os dois homens a sós. Giovane perguntou:

— Que diabo está acontecendo com você, meu amigo? Nunca o vi tão triste, abatido e pessimista.

Vitorio fez uma careta.

— Minha vida está uma porcaria. Casei-me com a mulher que amo, mas não fui capaz de conquistá-la. Agora ela decidiu por conta própria fazer essa viagem à Itália e disse que quando voltar pretende pedir a separação.

— Mas essa viagem não foi por causa da doença da mãe dela?

— Sim, mas foi também um pretexto para ficar longe de mim. Tanto que me ofereci para ir junto e ela não aceitou. Preferiu viajar com a filha da nossa empregada.

Giovane sentiu pena do amigo. Sabia o quanto ele era apegado àquele casamento, apesar de todos os motivos que tinha para não ser.

— É por isso que está se sentindo tão mal? Aliás, não será também esse o motivo dos seus problemas de saúde? Atritos emocionais costumam se manifestar fisicamente.

— Com certeza – concordou Vitorio. — Mas não é só isso. Estou enfrentando também problemas financeiros. Estava evitando tocar nesse assunto com você, já que deixei de ouvir os seus conselhos, no passado. Porém estou cheio de dívidas e não tenho como quitá-las.

Giovane assobiou num gesto de espanto.

— Meu Deus, Vitorio! Agora eu entendo porque você está tão abatido.

— De qualquer modo, já estou me sentindo melhor. Só o fato de ter desabafado contigo ajudou bastante.

— Olha, em relação à crise no seu casamento, infelizmente não há nada que eu possa fazer, mas quanto à questão financeira, podemos conversar amanhã. Dependendo de quanto você esteja precisando, eu posso lhe fazer um empréstimo para pagamento em longo prazo, depois que a situação da empresa melhorar. Aliás, eu soube que o concorrente desleal que tem nos prejudicado está fechando as portas. Em breve, nós vamos retomar a dianteira nos negócios.

— Não. Não seria justo – contestou Vitorio, levantando-se e dirigindo-se à porta. — É um problema que eu arrumei e tenho que sair dele por meus próprios meios.

— Bem... A proposta está feita. Faça como achar melhor, mas não tenha dúvida de que a ajuda que lhe ofereço é de coração.

— Vou pensar no assunto, Giovane, e agradeço imensamente por preocupar-se comigo. Nossa conversa me fez muito bem.

Quando Vitorio estendeu a mão para se despedir, Giovane abriu os braços e o convidou para um abraço caloroso. Só então ele se lembrou de que o amigo era uma pessoa extremamente afetiva e se deixou envolver pelos eflúvios amorosos daquela sincera amizade.

* * *

No dia seguinte, foi o próprio Giovane que procurou Vitorio para tratarem da questão do empréstimo. Vitorio relutou inicialmente, mas acabou aceitando. Porém fez questão de assinar várias promissórias onde assumia o compromisso de pagar cada centavo do dinheiro devido.

Essa atitude de Giovane não só tirou um peso enorme das costas de Vitorio, como o fez repensar as atitudes do passado quando, deixando-se levar pelas intrigas criadas por Beatrice, afastara-se das únicas pessoas com quem podia verdadeiramente contar.

Depois disso, voltou a frequentar a casa do amigo e às vezes até dormia por lá, evitando a solidão de sua residência e os pensamentos angustiosos sobre o futuro. Desse modo, as vertigens e as dores no peito desapareceram e a ideia de procurar um médico foi esquecida.

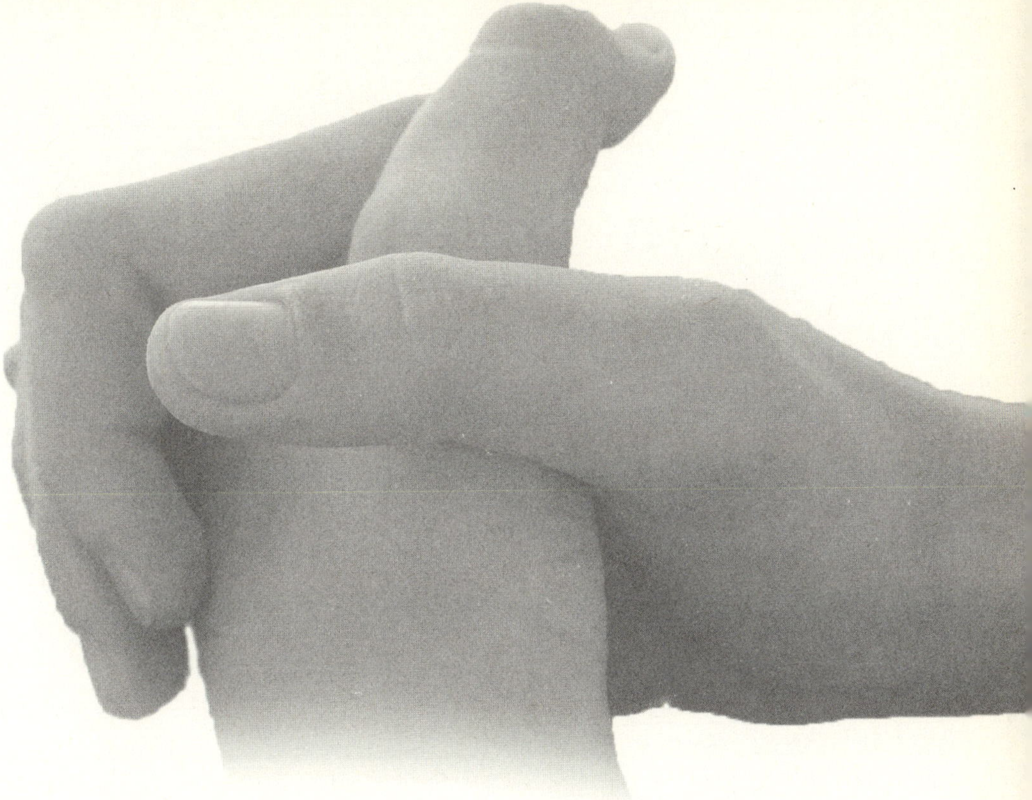

Capítulo 18

"E se Deus é soberanamente justo e bom, não pode agir por capricho ou com parcialidade. Os reveses da vida têm, pois, uma causa, e como Deus é justo, essa causa também é justa."

O Evangelho segundo o Espiritismo – Capítulo 5 – Item 3

Fé e incredulidade

Na Itália, submetida ao tratamento ministrado por Beatrice e pelo descanso proporcionado pelo trabalho, ainda que mal feito, de Julhinha, Gioconda deu claros sinais de melhora. Enrico continuava inconformado com a presença da filha e vivia pedindo a ela que voltasse para junto do esposo.

Um dia, possivelmente pressionada pelo marido, Gioconda chamou Beatrice a um canto e pediu a ela que voltasse para o Brasil

— Filha, eu já estou bem. Não há mais razão para você ficar aqui.

— Mas, mãe...

— Por favor, Beatrice! Volte para junto do Vitorio. Ele deve estar precisando de você.

Ela encarou a mãe com certa irritação, pois sabia que Gioconda estava se submetendo às ordens de Enrico. Além disso, Beatrice não sentia a menor vontade de voltar a conviver com Vitorio. O período que passara longe dele só serviu para aumentar a repulsa que lhe devotava.

Ainda assim, percebeu que não tinha como desobedecer a genitora. Mais uma vez era forçada a agir contra a vontade.

— Está bem, mãe. Já que a minha presença aqui incomoda tanto o meu pai, eu vou providenciar a minha volta.

Gioconda sorriu com tristeza.

— Não é bem assim, minha filha! O Enrico só está preocupado com o seu casamento...

— O meu pai só está preocupado com as suas próprias convicções machistas e impositivas, mãe! Eu não me conformo de vê-la se submetendo tanto aos caprichos dele, como se não tivesse vontade própria.

— Não fale assim, Beatrice. Seu pai não é um homem mau. É trabalhador e honesto. Além disso, eu sabia muito bem o que estava fazendo quando aceitei me casar com ele e não faço questão que Enrico seja diferente do que é.

— A senhora é quem sabe. Há gosto para tudo neste mundo – ironizou Beatrice.

— Sim! Há gosto para tudo, mas há também leis a serem seguidas, minha filha! Duas delas, que julgo sagradas, são o respeito aos laços do matrimônio e a obediência que o filho deve ter por seus pais.

— Pois eu acho tudo isto muito relativo – contestou Beatrice. — Acho que tanto os pais quanto os cônjuges precisam cumprir a sua parte para merecerem respeito e obediência.

Gioconda olhou demoradamente para a filha e teve a sensação de que se deparava com uma pessoa diferente da que conhecia. Beatrice nunca fora exatamente uma menina dócil e submissa, mas até em suas contestações costumava ser ponderada, usando palavras menos agressivas e um tom de voz mais moderado.

— Você tem rezado?

— O quê?

— Você tem ido à igreja? Tem feito preces para o seu anjo da guarda? Tem pedido a Deus que a proteja?

— Para quê? – perguntou Beatrice com o semblante fechado. — Para ficar me iludindo, achando que Deus e os seus lindos anjinhos vão cuidar de mim? Se fosse assim, mãe, eu não teria uma vida tão infeliz.

— Sua vida só é infeliz porque você é exigente demais, Beatrice! Muitas pessoas, no seu lugar, estariam agradecendo a Deus pelas bênçãos recebidas...

— Ah, é? E a senhora, que sempre viveu rezando e acendendo velas para o anjo da guarda, o que recebe em troca? Ou será que considera bênção essa vida miserável, esse marido estúpido e essa doença com que foi agraciada?

— Sim! Considero tudo isso como bênçãos, porque acredito que Deus sabe o que faz. Sei que tenho exatamente o que mereço e nunca vou me revoltar contra Ele, nem perder a fé em Seu infinito amor. Deus não é injusto e não nos manda sofrimentos desnecessários, filha!

Beatrice ficou calada. Mesmo discordando do ponto de vista de sua mãe, aquelas palavras eram convictas demais para serem contestadas. No fundo, sentia inveja de tamanha crença. Queria ter aquela mesma força interior, mas andava desanimada e frustrada demais com a vida.

— Está bem – ela disse em meio a profundo suspiro. — Respeito a sua opinião e não vou mais discutir com a senhora sobre isso. Perdoe-me pelas duras palavras que eu disse. Estou confusa, sentindo-me frustrada e muito desanimada. Há tempos, vejo tudo cinzento à minha volta e nada me faz sentir feliz. É como se a alegria de viver houvesse me abandonado há muito tempo.

Aproximou-se, abraçou a mãe e, sem saber exatamente por que, começou a chorar. Gioconda retribuiu ao abraço da filha e a confortou, dizendo palavras amorosas e acariciando-lhe os cabelos.

* * *

Naquela tarde, a exemplo do que vinha fazendo desde que chegara à Itália, Beatrice foi passear e encontrou-se com Martino. Quando disse que iria retornar ao Brasil, ele fez um pedido surpreendente:

— Leve-me com você.

Ela deu uma risada, considerando que fosse uma brincadeira e não disse nada a respeito do assunto.

Quando terminaram o passeio, Martino a acompanhou até em casa. O rapaz, dizendo estar com sede, sentou-se na varanda e Beatrice foi à cozinha pegar água. Ao passar pela sala, viu que a mãe e Julhinha estavam dormindo profundamente, cada uma em uma poltrona.

Ela voltou para a varanda e, enquanto tomava a água, Martino perguntou:

— E então? Vai pensar no pedido que lhe fiz?

— Pedido? Que pedido?

— De ir com você para o Brasil.

— É claro que não – ela respondeu enfática.

Martino baixou a cabeça, desanimado.

— Que pena!

Beatrice ergueu o queixo do rapaz com a ponta dos dedos, encarou-o e perguntou:

— Você está falando sério?

— Sim, por que não? – ele fez um círculo com os braços, como se demarcasse a aldeia. — Estou perdido nesse fim de mundo, sem a menor perspectiva de uma vida melhor.

Beatrice continuou olhando-o, sem acreditar no que ouvia. Martino fez um ar de tristeza e comentou:

— É claro que eu vou precisar de um dinheiro emprestado para pagar as despesas da viagem e para me manter por um tempo no Brasil... Se você puder me emprestar, eu pago assim que arranjar emprego.

— Emprego? – ela perguntou meio apatetada. Ainda não havia absorvido por inteiro aquela novidade.

— Sim. Você não conseguiria trabalho para mim na empresa do Vitorio? Afinal, você não disse que ele é um empresário muito rico?

— Bem... É que...

— Ou você estava mentindo? – provocou Martino, encarando-a.

— Não. De forma alguma... Meu marido é mesmo um empresário rico.

— E se você mora numa casa tão grande, como diz, deve ter um quarto onde eu possa ficar até arranjar um canto para morar.

As palavras de Martino provocaram um tsunami interior em Beatrice. Em outra época, ela não pensaria duas vezes. Ter o primo ao seu lado era tudo que havia desejado e não mediria sacrifícios para realizar este desejo, mas agora já não tinha certeza de nada.

— Martino, tudo o que eu falei é verdade. O Vitorio tem vários empregados na empresa dele e nós moramos numa casa bem grande, com vários cômodos vazios, já que não temos filhos ainda. Mas...

— Mas, o quê? – perguntou o rapaz interrompendo-a e segurando na mão dela. — Somos parentes. O que há de errado em me ajudar?

Ela virou o rosto.

— Você sabe muito bem o que há de errado.

— O fato de você achar que me ama?

— Não, Martino. O fato de ainda amá-lo, infelizmente!

— Mas isso não é coisa do passado?

Beatrice lançou para ele um olhar de impaciência.

— Essas coisas não se acabam assim, como num passe de mágica, Martino! O coração de uma mulher apaixonada é um território inviolável. Ninguém, a não ser o homem amado, consegue penetrá-lo – ela disse com voz melancólica e completou: — ou destruí-lo.

— Minha nossa! – exclamou o rapaz, sem disfarçar a empolgação. — O seu marido desconfia disso?

— Não. Quer dizer, eu disse a ele que amava uma pessoa, mas não disse que era você. Ele pensa que é um rapaz que viveu aqui, mas que tinha ido embora antes do nosso casamento.

Martino segurou nas duas mãos de Beatrice, encarou-a nos olhos e pediu, fazendo um charme birrento de criança manhosa:

— Então, não há com o que se preocupar, Beatrice. Ninguém sabe desse nosso segredo. É só nós não contarmos. Quando chegarmos ao Brasil, fique tranquila que eu converso com o Vitorio, digo a ele que implorei para você me levar e que você o fez por caridade a um parente em apuros.

Beatrice deixou-se envolver pelo olhar contagiante e pelas palavras convincentes do rapaz.

— Está bem, Martino. Prometo que vou pensar no seu caso.

Despediram-se e ele foi embora feliz da vida.

Quando Beatrice entrou na sala, Julhinha estava de olhos fechados como se dormisse pesadamente. Porém, assim que ela foi para a cozinha, a anã os abriu e sorriu com malícia.

Capítulo 19

"Pobre raça humana, cujos caminhos foram todos corrompidos pelo egoísmo, reanimai-te, apesar disso!"

O Evangelho segundo o Espiritismo – Capítulo 7 – Item 12

Beatrice chegou a pensar que o marido estivesse sendo irônico, mas depois percebeu que o comportamento dele era sincero. Vitorio sempre tivera com suas primas uma relação fraternal e jamais entraria em sua cabeça a ideia de um sentimento passional entre dois primos.

Assim, Martino não só pôde ficar bem à vontade na casa de Beatrice, como levou um pouco de ânimo àquele lar tão grande, mas também tão frio e desprovido de alegrias. Sua companhia era até bem agradável e tanto a prima quanto Vitorio estavam felizes por hospedá-lo.

Beatrice não voltou a falar em separação e Vitorio estava satisfeito por esse motivo também. No que dependesse dele, o assunto nunca mais entraria em pauta naquela casa.

* * *

Uma semana depois de ter voltado ao Brasil, Beatrice teve um sonho com a mãe. Nesse sonho, Gioconda usava um longo vestido branco e seguia por uma estradinha banhada por um foco de luz que se projetava do alto. Ela correu, tentando alcançar a genitora, mas não conseguia se aproximar muito.

Quando chegou ao fim da estradinha, Gioconda voltou-se para ela e disse:

— Reze, minha filha! Reconsidere as suas ideias e não se afaste de Deus! Sem Ele, os caminhos são muito escuros. Há precipícios profundos em suas margens e os lobos famintos estão por toda parte.

Depois de dizer essas palavras, Gioconda atravessou um portal iluminado e desapareceu. A seguir, a luz que clareava a estradinha se apagou e uma escuridão imensa tomou conta de tudo. Beatrice não conseguia voltar, com medo de cair em um precipício ou de ser atacada por algum animal selvagem. Então ela se sentou no chão, encolheu-se toda e começou a chorar.

* * *

Beatrice acordou chorando, com a sensação de medo ainda a dominá-la. Sacudiu Vitorio, que ressonava pesadamente.

— O que foi? – ele perguntou meio aturdido pelo sono.

— Minha mãe morreu – Beatrice respondeu entre soluços.

Vitorio a abraçou.

— Foi só um sonho ruim... Acalme-se e volte a dormir.

O abraço do marido afastou a sensação de insegurança, mas o sono havia desaparecido por completo. Beatrice viu o dia amanhecer e a luz da manhã invadir o aposento através das luxuosas cortinas de seda.

Em sua mente ainda ressoavam as palavras de sua mãe:

“Reconsidere as suas ideias e não se afaste de Deus!”

"Há precipícios profundos e lobos famintos por toda parte."

Não demorou muito e uma carta chegou da Itália, avisando que Gioconda havia morrido. Fragilizada pelo sofrimento, Beatrice venceu a teimosia e retomou o hábito da prece. Enquanto rezava, mentalizava a mãe, direcionando a ela os pedidos de bênçãos e proteção. E foi assim que, sem perceber, voltou a se reaproximar dos Espíritos protetores que a assistiam[9].

Naturalmente, essa atitude não agradou Faustina, que resolveu direcionar temporariamente a sua influência maléfica para outra direção, mas sem abrir mão do alvo principal de seus ataques.

* * *

Vitorio apresentou Martino a Giovane, dizendo tratar-se de um primo de Beatrice que viera da Itália e que passaria uma temporada na casa deles.

— Pensei em convidá-lo para trabalhar conosco. O que você acha? – perguntou Vitorio ao sócio.

Entretanto, antes que Giovane dissesse qualquer coisa, Martino interveio:

---

[9] A prece direcionada a outrem favorece também a quem a faz, pois desejar o bem do próximo e emitir pensamentos de caridade geram uma corrente positiva que atrai os bons Espíritos para junto de nós.

— Bem... Eu prefiro procurar uma ocupação em meu próprio ramo profissional. Mas agradeço a proposta e não descarto a possibilidade de trabalhar com vocês, caso não arrume nada. Quem sabe, um dia?

Giovane perguntou qual era a profissão de Martino, mas ele desconversou e não deu nenhuma informação a esse respeito. O sócio de Vitório voltou a ter a mesma impressão negativa de quando fora apresentado a Beatrice. Achou o rapaz arrogante demais, para quem havia acabado de chegar a terras alheias e estava vivendo de favores na casa de parentes.

Na verdade, o que Giovane pressentiu foi novamente a presença de Faustina que, sem acesso irrestrito ao campo mental de Beatrice devido à presença dos Espíritos protetores, passara a influenciar o jovem italiano.

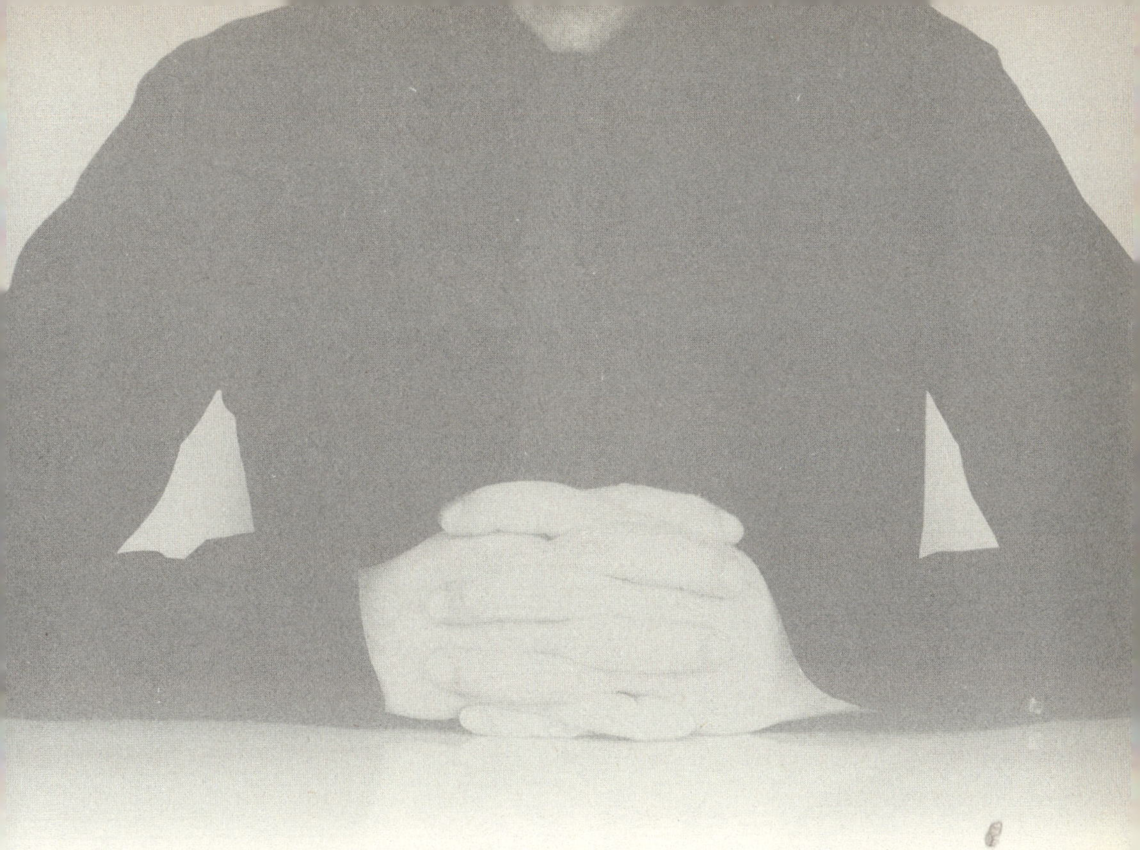

Capítulo 20

"Escândalo não é somente o que choca a consciência alheia, mas tudo o que resulta dos vícios e das imperfeições humanas, todas as más ações de indivíduo para indivíduo, com ou sem repercussões."

O Evangelho segundo o Espiritismo – Capítulo 8 – Item 12

Anãzinha fuxiqueira

Algum tempo depois da volta de Beatrice ao Brasil, um acontecimento deixou Vitorio intrigado. Foi informado que uma anãzinha o estivera procurando, mas como o patrão não se encontrava na empresa, o funcionário que a atendeu pediu a ela que voltasse em outro momento e perguntou se poderia adiantar o assunto.

Então a anãzinha falou que a conversa era particular e de grande interesse de Vitorio. Disse também que voltaria no dia seguinte para conversar com ele. Vitorio sabia que se tratava de Julhinha e estranhou o fato de ter sido procurado no ambiente do trabalho e não em sua residência, onde a filha da cozinheira tinha livre acesso.

Deduziu que o assunto era relacionado à viagem de Beatrice e deveria ser algo realmente grave, para ser tratado de forma tão reservada. Mil pensamentos negativos lhe passaram pela cabeça e ele teve de fazer um esforço sobre-humano para não questionar a esposa.

No dia seguinte, a anãzinha não cumpriu o prometido e Vitorio a esperou em vão. Em casa, teve vontade de conversar com a mãe de Julhinha, tentando obter alguma informação, mas ficou temeroso de levantar alguma suspeita e estragar tudo. Restou-lhe controlar a ansiedade e esperar por uma nova visita da anã. Porém, enquanto esperava, voltou a sentir as vertigens e as fisgadas na região do peito. Algo lhe dizia que coisas ruins estavam por acontecer.

* * *

A essas alturas, Martino, que tinha uma capacidade incrível de adaptação e adorava divertir-se de modo constante e exagerado, começava a se soltar no Brasil e logo colocou em prática o gosto pela farra, imiscuindo-se em ambientes de bebedeiras, jogatinas e meretrizes. Fez amizades com pessoas afins, unindo-se também a Espíritos viciosos que frequentavam os mesmos lugares e partilhavam gostos idênticos aos dele. Passou a chegar em casa altas horas da madrugada, geralmente bêbado e desorientado.

Quando ele voltava dessas pândegas, Vitorio já estava dormindo, mas Beatrice se mantinha vigilante, observando o comportamento decadente do primo, bastante decepcionada e já arrependida por tê-lo abrigado.

No dia seguinte, aproveitando os seus momentos de sobriedade, Beatrice conversava com ele, pedindo que se comportasse e até mesmo ameaçando expulsá-lo de casa, mas Martino se mostrava arrependido e a olhava de um modo que deixava a prima sem ação, lançando para ela aquele olhar comovente de "cachorro na chuva". Porém, passado pouquíssimo tempo, ele voltava a aprontar.

Esse tipo de comportamento estava arraigado à sua natureza e Martino não tinha a menor vontade de mudar. Não via razão para deixar aquela vida torta, pois nada no mundo lhe despertava maior interesse do que a satisfação pessoal. Para piorar a situação, o rapaz, que não havia sequer procurado emprego, sempre a convencia a arranjar-lhe algum dinheiro para as suas noitadas.

Ocorre que, tendo readquirido o hábito da prece e se livrado quase que totalmente das influências nocivas de Faustina, Beatrice voltou a ser dona de suas vontades e a enxergar o mundo pelo viés do seu próprio olhar, bem mais sensato e lúcido que o da vingativa desencarnada.

Assim, o primo já não exercia sobre ela o mesmo fascínio de tempos atrás. Beatrice havia amadurecido e, se não despertara antes para a realidade de que Martino não tinha nada de especial a oferecer, fora unicamente pela atuação hipnótica da obsessão espiritual exercida por Faustina.

Inicialmente, movida pelo romantismo ingênuo da mocidade, confundia beleza física e carisma pessoal com qualidades morais. Martino lhe parecia bonito demais para cultivar, na maturidade, os hábitos irresponsáveis da juventude. As atitudes inconsequentes e a indolência com que encarava a vida soavam de modo incompatível com a formosura de sua impecável aparência.

Mas ela nunca havia convivido tão de perto com o primo e não o conhecia realmente. Na verdade, guardara dele a imagem ilusória do tempo remoto em que se permitia brincar de borboleta, em meio à paisagem bucólica de um passado que se distanciava cada vez mais, perdendo o brilho enganoso, como esses falsos metais que se deslustram sob o impiedoso avanço da ferrugem.

* * *

Um dia, Vitorio estava entretido com uns documentos da empresa, quando foi informado que a anãzinha havia voltado. Sentiu o coração bater mais forte e precisou respirar fundo para controlar a ansiedade.

Minutos depois, recebeu-a em seu escritório e Julhinha lhe disse:

— Seu Vitorio, primeiro, eu gostaria de lhe dizer que o considero um homem muito bom. E é justamente por causa disso, que vim lhe procurar, porque não acho correto o que estão fazendo com o senhor.

— E o que estão fazendo comigo? – ele perguntou bastante apreensivo.

— Sabe, a dona Beatrice é uma mulher ingrata e não merece o marido que tem...

— Por favor, Julhinha, para de fazer rodeios e diga logo o que veio me contar – interrompeu-a Vitorio. — É sobre a viagem?

— Sim. Na verdade, é sobre algo que ouvi e que achei que o senhor precisava saber. A dona Beatrice e o primo são amantes.

— O quê? Você está falando do Martino?

Julhinha confirmou com um movimento de cabeça.

— Como sabe disso? Você viu alguma coisa?

— Eu ouvi uma conversa entre eles. Quando o seu Martino pediu para vir ao Brasil, a dona Beatrice disse que estava insegura, porque ainda o amava. Então ele perguntou se o senhor sabia de alguma coisa e ela respondeu que não. Disse que até confessou ao senhor que amava outro homem, mas inventou que se tratava de alguém que tinha morado na aldeia, mas que já havia se mudado de lá.

Vitorio relutava em acreditar naquela história. Que motivos a filha da cozinheira teria para alertá-lo sobre uma possível traição da esposa? Estava claro que a justificativa de ser um homem bondoso era só uma desculpa. Ele nunca havia dirigido uma palavra sequer à Julhinha e não demonstrava simpatizar-se com ela.

Mas, por outro lado, como a anã poderia ter tomado conhecimento dos detalhes de uma conversa que ficara reservada entre ele e Beatrice?

Vitorio começou a lembrar-se dos detalhes do antigo diálogo ocorrido na Itália. Beatrice lhe dissera que gostava muito de alguém, mas que essa pessoa não era ele. Depois disse que se tratava de um rapaz que não lhe correspondera aos sentimentos, porque pretendia se casar com uma moça rica. Ora, Martino havia se casado com a filha do Vinicultor; único homem rico que havia naquela região.

E, aos poucos, a montagem daquele quebra-cabeça ia tomando forma. Beatrice poderia não ter revelado que o amor de sua vida era o primo, apenas para preservá-lo. Com o fracasso do casamento de Martino, ela poderia ter cometido a loucura de levá-lo para dentro de sua própria casa, com o objetivo de transformar o primo em amante ali mesmo, sob o mesmo teto que o marido.

Teria sido por essa razão que não voltara a falar em separação? Estaria pensando em algo ainda mais grave, como livrar-se do esposo por meio de uma ação criminosa e unir-se ao homem que amava de verdade?

E esse misto de suposições e questionamentos começou a se embaralhar nos pensamentos de Vitorio e a deixá-lo realmente inquieto.

— Você tem certeza do que está dizendo? – perguntou à anãzinha, apenas para confirmar se ela se mantinha convicta.

— Absoluta! – Julhinha exclamou olhando-o muito séria. — Jamais iria fazer essas acusações, se não tivesse certeza do que estou dizendo. Só lhe peço que não conte a ela sobre esta nossa conversa, para não prejudicar a minha mãe, que depende do emprego na casa de vocês.

— Não se preocupe – respondeu Vitorio. — Esta conversa ficará entre nós. Só vou lhe fazer outra pergunta e gostaria que você fosse muito sincera comigo.

Julhinha o encarou.

— Pode fazer. Juro que não vou mentir.

— Por que você está me contando tudo isto? Ah, e não venha com essa história de que eu não mereço ser traído e coisas desse tipo. Fale-me a verdade.

A anãzinha fez um breve silêncio e depois disse, com um tom de voz enérgico e rancoroso:

— Porque eu odeio a sua esposa. Ela é uma mulher insuportável!

— O que ela fez contra você? – questionou Vitorio, surpreso com a atitude de Julhinha.

— Nada de muito grave, mas bastou ficar esse tempo ao lado dela, para detestá-la. Foi por isso que decidi contar tudo o que vi e ouvi, durante a viagem.

Vitorio silenciou. A convicção das palavras de Julhinha e as evidências conhecidas por ele próprio não deixavam a menor dúvida sobre a veracidade de tudo aquilo.

— Agora, se não tem mais nada a dizer, pode ir embora, por favor! – pediu desejando muito ficar só.

Julhinha encaminhou-se até a porta, mas antes de sair, ainda comentou:

— Espero que consiga resolver isto, sem grandes sofrimentos. Eu não menti também quando disse que o considero um bom homem e que o senhor não merece passar por tanta humilhação.

Vitorio não disse nada, até porque sua voz estava embargada e fortíssimas dores no peito o mantinham imobilizado. Ali, bem próximo, Faustina o observava com um misto de ódio e satisfação estampado no rosto disforme. A anãzinha fora uma marionete bem fácil de ser manipulada, falando e agindo exatamente como ela ordenara.

Capítulo 21

"As provas mais impiedosas, que a malta que vos persegue na miséria, espreitam o vosso repouso ilusório, para vos mergulhar de súbito na agonia da verdadeira desgraça."

O Evangelho segundo o Espiritismo – Capítulo 5 – Item 24

Flagrante e fatalidade

Vitorio teve um dia horrível e quando voltou para casa, ao fim do expediente, fez um grande esforço para fingir que nada acontecera. Estava determinado a observar o comportamento dos primos e, na primeira oportunidade, dar-lhes um flagrante.

Naquela noite, como de costume, Martino se arrumou e saiu para se divertir. Beatrice e Vitorio se recolheram para dormir no horário costumeiro e ele logo fingiu que havia pegado no sono, mas pretendia se manter acordado. Estava decidido a esclarecer e resolver aquela situação de uma vez por todas.

* * *

De madrugada, quando ouviu Martino entrando em casa, Beatrice cutucou levemente o marido e percebeu que ele estava dormindo. Ocorre que Vitorio não conseguiu manter a vigília e, a certa altura da noite, acabou se entregando mesmo ao sono.

A mulher se levantou de mansinho e seguiu pelo corredor, em direção ao quarto que Martino ocupava. O rapaz estava sentado na cama, com os cotovelos apoiados nos joelhos e a cabeça apoiada nas mãos. Visivelmente embriagado, só percebeu a presença de Beatrice quando ela disse:

— Bonito, seu Martino! Gastando o meu dinheiro com safadezas, não é?

Ele havia tirado a camisa, que estava jogada sobre a cama. Como o tecido era de cor bem clara, dava para ver as manchas escandalosas de um batom muito vermelho próximo ao colarinho.

— Está falando do quê? – ele perguntou com a voz pastosa dos bêbados.

— Disso aqui – Beatrice respondeu, pegando a camisa e jogando no rosto dele. — Você está me pedindo dinheiro para gastar com bebedeiras e prostitutas. Eu não vou admitir isso...

— Hei! Está com ciúmes, por quê? – ele perguntou ironicamente. — Que eu saiba, o seu marido é o Vitorio. É dele que você tem que tomar conta.

Ela o olhou com profundo desprezo.

— Tudo bem. Você está certo quando diz que o meu marido é o Vitorio e eu dou graças a Deus por isso. Você é apenas um aventureiro que não merece a menor consideração. Mas está errado quando diz que estou com ciúmes, porque não estou. O que eu sinto é indignação e raiva de mim mesma por ter sido tão idiota, trazendo-o para a minha casa. Quero que vá embora daqui.

* * *

Enquanto isso, no outro quarto, Vitorio acordou com uma gargalhada ressoando em sua mente. Logo uma irritante voz feminina o advertiu:

— Sua mulher está na cama do primo, seu palerma! E você aí, dormindo feito um bebê. Onde está a sua coragem? Vai permitir que maculem a sua honra?

Vitorio estava um pouco desnorteado pelo sono. Achou que estivesse sonhando, mas quando tateou ao seu lado, procurando pela esposa, percebeu a cama vazia. Então levou um choque e o sono se dispersou completamente. A gargalhada de Faustina voltou a ressoar em seu campo mental.

Com o coração aos saltos, ele se levantou cauteloso para não fazer barulho, caminhou silenciosamente pelo corredor e espreitou pela fresta da porta do quarto de Martino, que estava entreaberta.

Beatrice continuava a destratar o primo e o rapaz pensava num meio de acalmá-la. A ideia de ter que ir embora daquela casa o preocupava. Vitorio ouviu a voz da esposa, mas não distinguiu o conteúdo da conversa, pois Beatrice falava baixo, justamente para não acordá-lo.

Naquele exato instante, Martino recebeu, mentalmente, uma ordem irresistível:

— Deixe de ser frouxo, homem! Essa mulher sempre quis ser beijada por você. Beije-a e acabe com essa discussão tola. Mostre a ela o quanto você é viril e surpreendente! Beije-a e ela vai virar um cordeirinho em suas mãos.

Martino não teve dúvida de que a ideia era mesmo muito boa. Sua cabeça estava confusa, dominada pelo efeito do álcool, e Faustina fora muito persuasiva. Então, ele se levantou num impulso, agarrou a prima com força e a beijou ardentemente nos lábios, antes que ela pudesse se dar conta de sua intempestiva atitude e defender-se.

Vendo a esposa ser beijada por Martino, Vitorio sentiu o mundo girar. O coração acelerou ainda mais. Suas pernas começaram a tremer, o estômago revirou-se em espasmos e ele se arrastou de volta para seu quarto. Sentou-se na cama, esperando que todo aquele mal-estar se acalmasse um pouco e decidiu que iria matar os dois traidores.

O problema é que estava se sentindo tão mal, que não conseguia se lembrar de onde havia deixado a chave da gaveta na qual escondera o revólver municiado. Prendeu a cabeça com as duas mãos e forçou a lembrança. Então se recordou de que havia guardado a chave na algibeira de um velho paletó, que há anos não usava.

Levantou-se. Com as mãos trêmulas, abriu o guarda-roupa e pegou a chave. Quando deu um passo em direção à escrivaninha, onde o revólver estava guardado, sentiu uma vertigem muito mais forte que as anteriores e teve a sensação de que seu peito estava sendo perfurado por uma adaga finíssima. Tentou gritar, mas a voz lhe morreu na garganta no momento em que caía desmaiado sobre a cama.

* * *

Por dois ou três segundos, Beatrice cedeu à investida de Martino. Passara a vida inteira sonhando com aquele beijo. Mas, de repente, percebeu a loucura que estava fazendo. Teve nojo daquele hálito azedo de bebida forte e do cheiro enjoativo do perfume barato das mulheres com quem ele estivera. Empurrou-o com força e deu-lhe uma forte bofetada.

— Nunca mais faça isso, seu cafajeste! Me respeite!

Martino olhou-a com escárnio e a provocou com voz arrastada:

— Vai fingir que não gostou? Passou a vida inteira se oferecendo e agora dá uma de mulher certinha?

— Você não tem o direito de falar assim comigo...

— Tenho, sim. Você só me trouxe para a sua casa porque me deseja. Se queria tanto que eu deixasse de sair com outras mulheres, deveria ocupar o lugar delas em minha cama.

— Sou uma mulher casada...

— E infeliz! Frustrada e carente – ele completou, com um riso de deboche. — Mas eu não sou ciumento, não. Saberei dividir você com o Vitorio sem exigir exclusividade e sem que você precise abrir mão do dinheiro e do conforto que o idiota lhe oferece.

Beatrice tentou esbofeteá-lo novamente, mas o primo a impediu, segurando-lhe o braço e empurrando-a para trás. Ela o encarou, enojada.

— Você é um mau caráter, viciado, ingrato e desrespeitoso, Martino. Não sou o tipo de mulher que você está insinuando que eu seja. Não sei como pude me deixar iludir a ponto de trazê-lo para a minha casa. Às vezes, tenho a impressão de que estava hipnotizada para ter agido de modo tão irresponsável, mas finalmente vejo tudo com clareza. Você não é um homem... É um lixo!

Assumiu um tom de voz ainda mais agressivo.

— Minha mãe tinha razão. Você é egoísta demais para se preocupar com o sentimento dos outros. Só olha para o próprio umbigo. O Vitorio pode não ter as suas qualidades físicas, mas é um homem muito mais interessante do que você, porque é respeitador, íntegro e honesto.

Caminhou até a porta.

— Já não tenho dúvida sobre a causa do fim do seu casamento com Paola. O pai dela estava coberto de razão quando o escorraçou da casa dele. Eu estou fazendo o mesmo. Vou lhe dar dois dias para sumir daqui.

— Mas eu não tenho para onde ir...

— Não é problema meu. Você abusou da minha boa vontade e da generosidade do Vitorio. Agora chega!

Agindo ainda sob o efeito do álcool e da influência de obsessores viciados, Martino se aproximou e a desafiou.

— E se eu não quiser ir embora? Você vai me expulsar à força?

Beatrice não se deixou intimidar.

— Se você não for, terá de acertar contas com o Vitorio.

Ele gargalhou:

— Ah, ah, ah... Aquele frouxo? Você mesma vive dizendo que ele não é de nada.

Beatrice saiu do quarto. Antes de fechar a porta, voltou a encará-lo e ameaçou:

— Isso é o que veremos. Se eu fosse você, começaria a me preocupar. Tem dois dias para deixar esta casa, seu aproveitador!

* * *

Faustina vibrava de contentamento, observando as trágicas cenas que ocorriam nos dois cômodos daquela casa. Seu plano havia funcionado perfeitamente, pois quando Beatrice, por meio das preces em favor da mãe, tornou-se invulnerável às suas sugestões, foi só direcioná-las para Julhinha e Martino.

Por seus sentimentos inferiores, os dois sintonizavam--se perfeitamente com a obsessora e não ofereceram qualquer resistência às suas ordens. Com Martino fora ainda mais fácil, pois alguns dos "amigos" espirituais que ele havia atraído nas noitadas também vibravam na mesma sintonia de ódio e desequilíbrio, facilitando-lhe a influenciação.

Capítulo 22

"Consideremos a Terra como um arrabalde, um hospital, uma penitenciária, um pantanal, porque ela é tudo isso a um só tempo, e compreenderemos porque as suas aflições superam os prazeres."

O Evangelho segundo o Espiritismo – Capítulo 3 – Item 7

O peso do remorso

Antes de voltar para o quarto, Beatrice tomou um copo de água para se acalmar. Foi para a sala, sentou-se numa poltrona e, em meio à penumbra do ambiente, teve a sensação de enxergar a silhueta de sua mãe. Então, a voz de Gioconda, dita com suavidade, penetrou em seus sentidos:

— Reze, minha filha! Sempre peça proteção ao seu anjo da guarda e ele nunca lhe deixará desamparada.

Beatrice sentiu uma grande paz invadir-lhe a alma e rezou, pedindo a Deus que cuidasse de sua mãe e que também a amparasse, para fazer escolhas mais acertadas em sua vida.

Minutos depois, dirigiu-se para o quarto, onde se deparou com Vitorio estirado sobre a cama, numa posição bastante desconfortável. Inicialmente acreditou que ele apenas estivesse dormindo de mau jeito, mas quando foi acordá-lo, percebeu que alguma coisa bastante grave havia acontecido. Acendeu as luzes e entrou em estado de choque. Seu marido estava aparentemente morto.

Quando ela se aproximou para ver se Vitorio respirava, ele moveu os lábios e sussurrou algo que não ficou muito claro, ou que Beatrice talvez não tenha querido admitir ter ouvido. Logo ele voltou a ficar imóvel.

Sem a menor vontade de pedir ajuda a Martino, que a essas alturas roncava entregue ao sono letárgico dos bêbados, Beatrice ligou para o hospital e pediu que mandassem uma ambulância com urgência. Em pouco tempo, o socorro chegou. Vitorio recebeu os primeiros atendimentos ali mesmo.

Durante os procedimentos, um enfermeiro apanhou a chave que Vitorio mantinha presa na mão direita e a entregou a Beatrice. Ela teve um breve lampejo de curiosidade; nunca havia reparado naquela chave. Mas logo voltou sua atenção para o marido, cujo quadro era gravíssimo e exigia muitos cuidados.

Vitorio foi recolhido ao hospital e Beatrice seguiu junto com ele, na ambulância. Porém, antes, acordou uma empregada que dormia no casarão e contou-lhe o ocorrido, pedindo a ela que esperasse o dia amanhecer e ligasse para Giovane, avisando sobre o incidente.

* * *

Vitorio foi diagnosticado com um sério problema cardíaco e havia sofrido um infarto que só por milagre não lhe ceifara a vida instantaneamente. Ele estava em coma e deveria passar por uma cirurgia, que só poderia ser feita depois que houvesse uma estabilidade em seu organismo.

Beatrice permaneceu ao lado dele, até o momento em que os médicos a convenceram a ir para casa.

— Não sabemos por quanto tempo o seu marido ficará em coma – explicaram. — Enquanto ele estiver assim, nem se dará conta de que está acompanhado. Sugerimos que a senhora vá descansar. Assim que houver uma novidade, nós a avisaremos.

Quando Beatrice estava deixando o hospital, Giovane, que havia sido acionado pela empregada, tinha acabado de chegar. A mulher abraçou o sócio do esposo e começou a chorar. Giovane, que esperava um comportamento frio de Beatrice, ficou surpreso e sensibilizado com aquela atitude.

— Vai dar tudo certo – ele disse, tentando consolá-la.

Mas, no fundo, estava também bastante abalado e com uma sensação pesarosa a incomodar-lhe a alma.

* * *

Ao chegar em casa, Beatrice encontrou Martino na varanda, estirado confortavelmente em uma rede. Apesar de estar ainda de pijama, ele já sustentava na mão uma taça de vinho. Vendo-a, o rapaz se levantou e abriu os braços, tencionando abraçá-la, mas Beatrice se esquivou.

— Deixe-me, Martino! Não toque em mim.

— Hei! O que há? – ele perguntou. — Ainda com raiva do que aconteceu de madrugada? Esqueça aquilo. Eu só quero confortá-la neste momento difícil... A empregada me contou que o Vitorio infartou...

Beatrice o encarou com frieza.

— Não quero nada de você, Martino! Nem a sua fingida piedade.

Ele suspirou fundo.

— Está bem! Está bem! Não vou ficar fingindo que estou triste. No fundo, estou feliz. Por isso, fiz questão de trocar o café da manhã por um brinde ao nosso futuro. Sinto que o Vitorio não vai escapar com vida. Percebe que a vida está conspirando a nosso favor? Com o seu marido morto, nós estaremos livres para viver a nossa história...

— Cale a boca! – gritou Beatrice. — Não há história nenhuma entre nós, nem haverá. Eu lhe dei dois dias para deixar esta casa e não mudei de ideia – ela pensou por um segundo e retificou: — Aliás, mudei sim! Agora que o Vitorio está no hospital, eu não o quero aqui nem mais um dia. Não me sinto segura com você por perto, sem o meu marido para me proteger dos seus ataques.

Martino deu uma gargalhada, que logo se transformou num amontoado de impropérios, fazendo grotescas acusações e ameaças à Beatrice, que a tudo ouviu em silêncio. Quando ele finalmente se calou, ela disse sem alterar o tom de voz:

— Eu vou para o meu quarto, descansar. Quando acordar, se você ainda estiver em minha casa, vou chamar a polícia e acusá-lo de ter me agarrado à força. E você não poderá negar, pois estarei dizendo a verdade. Você poderia até estar bêbado, mas sabe bem o que fez de errado durante a madrugada.

— Você não pode fazer isso...

— Quer pagar para ver? Pois, pague. Depois não diga que eu não avisei.

— Você não tem como provar...

— Não faz mal! Será a minha palavra contra a sua. Em quem você acha que os policiais irão acreditar? Além disso, só o fato de você insistir em permanecer aqui, contra a minha vontade, já mostrará a eles o tipo de homem que você é. E, de uma forma ou de outra, terá de ir embora.

Beatrice foi para o seu quarto e Martino ficou com muito ódio. Minutos depois, entrou e começou a colocar suas roupas em uma mala. O jeito era procurar a mulher com quem estava saindo e pedir que lhe arranjasse um canto para ficar.

* * *

Beatrice recostou-se na cama e ficou pensando nos acontecimentos. Sentia o peito oprimido por uma angústia inexplicável; algo que ela não conseguia detectar, mas que lhe incomodava demais. Correndo os olhos pelo quarto, que havia sido limpo e organizado pela empregada, deparou-se com a chave que o enfermeiro havia retirado da mão de Vitorio.

Sua curiosidade aguçou novamente. Ela se levantou, pegou a chave e começou a vasculhar os móveis, tentando descobrir a qual fechadura ela pertencia. Depois de várias tentativas, abriu a gaveta da escrivaninha e, ao se deparar com o revólver municiado, sentiu um baque no coração. Já não restava dúvida sobre a causa da angústia que a envolvia: Vitorio havia testemunhado o beijo que Martino lhe dera.

Beatrice começou a chorar, recriando mentalmente as cenas que julgava terem ocorrido naquela madrugada: Vitorio fora até o quarto de Martino e, inconformado por vê-la sendo beijada pelo primo, sofreu profundo choque emocional, que lhe provocou o infarto. Por isso tinha na mão a chave da gaveta onde o revólver estava guardado. Certamente pretendia matá-los.

Agora faziam sentido e soavam claramente em sua memória as palavras sussurradas por Vitorio, no momento em que o encontrara caído sobre a cama, e que se recusara a admitir:

— Odeio você, sua maldita traidora!

E aquela frase passou a ecoar na mente de Beatrice com todo o seu peso, subjugando-a a partir daquele momento e ampliando, com o passar do tempo, a incômoda prevalência em sua alma. Não havia dúvida de que, mesmo sem querer, havia provocado o grave acontecimento.

E a atitude inconsequente de Martino, que por si só já era imperdoável, tornou-se motivo para desejar ainda mais a sua ausência. A presença do primo seria sempre uma lembrança desagradável e perturbadora.

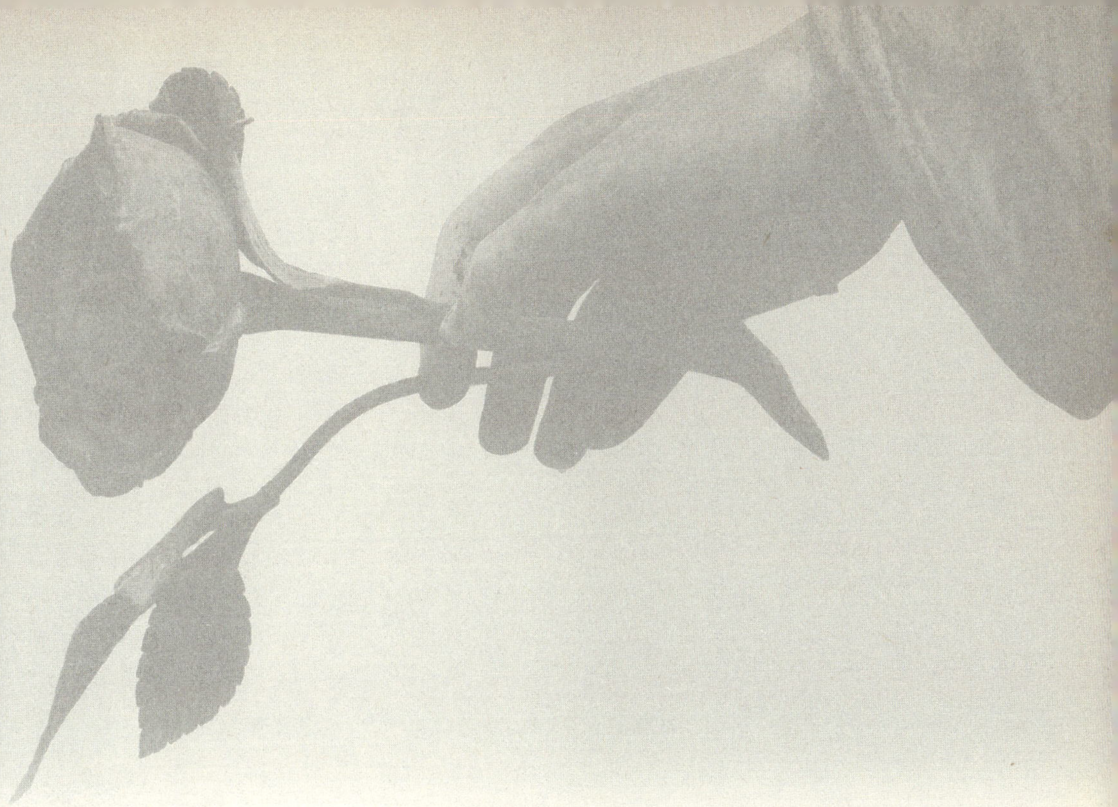

Capítulo 23

"Deixai a Deus cuidar de toda a justiça, pois cada dia, no seu Reino, Ele separa o joio do trigo."

O Evangelho segundo o Espiritismo – Capítulo 11 – Item 12

Desfechos e ajustes

Depois de uma semana internado, Vitorio desencarnou sem ter saído do coma. Os médicos nem chegaram a fazer a cirurgia, já que as condições ideais para o procedimento não foram alcançadas pelo organismo dele.

Sua morte não provocou grandes comoções, já que ele não era muito afeito a amizades. Apenas a família de Giovane demonstrou ter sentido bastante o desencarne do amigo. Porém a pior situação era a de Beatrice, que sentiu o remorso recair pesadamente sobre os seus ombros.

Ninguém conseguiu entender porque a esposa fria, que passara tanto tempo explorando financeiramente o marido, sem lhe dar a devida retribuição afetiva, podia sentir tanto a sua morte. Todos achavam que Beatrice fosse se comportar de modo diferente, agindo com discrição, mas comemorando, por dentro, a liberdade angariada na viuvez.

* * *

Os dias passaram-se lentos. Transcorrido o período mais crítico do luto, Giovane chamou Beatrice para colocá-la a par da situação da empresa e, mais uma vez se surpreendeu com a atitude da mulher, que sempre se mostrara ávida pelos negócios do marido.

— Você quer contratar um advogado para tratar desse assunto? – perguntou Giovane, deixando-a bem à vontade para tomar sua decisão.

Beatrice o olhou com tristeza. Tinha os olhos pesarosos, inchados, envoltos por grandes olheiras.

— Não há necessidade – ela disse. — Confio em você.

E a situação comercial foi definida de modo tranquilo, sem qualquer contratempo. Beatrice, que não queria ter participação ativa nos negócios, receberia um valor mensal para as suas despesas e uma porcentagem ao fim de cada ano, de acordo com os lucros que a empresa obtivesse.

Com os acertos concretizados, Giovane acabou perdoando o empréstimo feito por Vitorio. Beatrice nem tomou conhecimento de que o marido havia contraído aquela dívida.

* * *

Passado mais algum tempo, Beatrice foi informada pelas empregadas que Martino estava ao portão, implorando para ser recebido por ela. Num primeiro momento, teve vontade de mandá-lo embora, mas pensou bem e acabou mudando de ideia.

— Peçam para ele me esperar na varanda – disse determinada. — Vou atendê-lo, mas não quero que entre em minha casa.

Logo depois, ela se deparou com o rapaz, que se encontrava em situação deplorável. Roupas sujas e amassadas, cabelo e barba enormes e o semblante doentio dos boêmios beberrões.

— Vim lhe pedir ajuda – ele disse, sem qualquer rodeio. — Preciso de algum dinheiro. Estou em dificuldades...

— E por que eu deveria lhe dar dinheiro? – Beatrice perguntou no mesmo tom. — O que tenho a ver com os seus problemas?

— Você é a única pessoa com quem posso contar – ele respondeu, tentando impor à voz um timbre mais amigável. — Além disso, se estou longe do meu país é por sua causa...

— Minha causa? Você está louco? Foi você quem implorou para vir comigo para o Brasil. Eu nunca o convidei, nem prometi nada. Além disso, se você está nessas condições deploráveis é porque escolheu viver assim. Porque não gosta de trabalhar. Prefere viver na pândega.

Ele baixou a cabeça, mas retomou a firmeza na voz.

— Vai me ajudar ou não?

Beatrice mandou que ele levantasse a cabeça e a olhasse nos olhos.

— Veja bem, Martino, eu não deveria ajudá-lo, mas, de certo modo, me sinto mesmo responsável por você estar vivendo no Brasil. Afinal, se não fosse com a minha concordância e ajuda, você não teria vindo. Então, vou lhe fazer uma proposta. Ou você a aceita, ou nunca mais apareça na minha frente. Quer ouvir o que tenho a propor?

Ele acenou que sim, com a cabeça.

— Eu vou comprar a passagem de volta para a Itália e lhe dou algum dinheiro para as despesas da viagem.

— Mas eu quero ficar no Brasil...

— Então, fique por sua conta e não me procure mais – ela praticamente gritou. — A escolha é sua.

Martino silenciou por um tempo, refletiu melhor e acedeu:

— Está bem. Eu aceito a sua proposta.

As providências foram tomadas e, dias depois, Martino, com uma aparência bem mais apresentável, embarcou para a Itália. Durante a viagem, conheceu uma viúva rica e a convenceu a levá-lo para morar na casa dela. Pelo menos por um tempo, sua vida irregular e aventureira estaria garantida.

* * *

Dias depois, no meio de um diálogo descontraído com a mãe, Julhina acabou contando, sem querer, que havia conversado com Vitorio sobre a suposta traição de Beatrice. A cozinheira ficou indignada com a atitude da filha e fez um longo sermão, mostrando a ela a gravidade do que havia feito.

— Se o infarto que o seu Vitorio sofreu foi por causa dessa fofoca, você também é responsável pela morte dele.

A anãzinha deu de ombros.

— Problema dele! Quem mandou casar com mulher sem-vergonha?

A resposta que recebeu foi uma violenta bofetada que a jogou no chão.

— Sua irresponsável! Atrevida! – bradou a mãe. — Já que você tem disposição para fazer maldades, terá de arranjar disposição também para trabalhar.

A anã se levantou e tentou argumentar com voz de choro:

— Mas, mãe, eu nem tenho uma profissão. Eu...

— Problema seu! – interrompeu Lindaura, aos gritos. — Vou lhe arranjar um emprego e você vai fazer o que lhe mandarem.

Dias depois, Julhinha estava empregada em uma casa de família, onde teria de executar vários trabalhos domésticos. Se ela achava Beatrice chata e exigente, teve de reconsiderar sua opinião, pois sua patroa era muito mais geniosa. Além disso, por conta de seu tamanho, teria ainda de se contentar em receber apenas a metade do salário.

Por imposição da própria mãe, a anãzinha nunca mais voltou a pisar na casa de Beatrice.

* * *

Beatrice escreveu ao pai, falando sobre o desencarne de Vitorio e pedindo a ele que se mudasse para o Brasil, para lhe fazer companhia, mas recebeu uma resposta seca e direta, ditada por ele à moça que escrevia as cartas:

"Nasci na Itália e é aqui que pretendo morrer, minha filha. Meu corpo será enterrado junto aos restos mortais de sua mãe."

No fundo, Beatrice se sentiu até aliviada. Fizera o convite para desencargo de consciência, mas não tinha certeza de que gostaria de voltar a viver ao lado do genitor, com quem sempre tivera um relacionamento bastante complicado.

Então, passou a ajudá-lo financeiramente, enviando de tempos em tempos uma quantia razoável em dinheiro, para que Enrico tivesse uma vida mais confortável em sua velhice.

Ele nunca a agradeceu pela ajuda e os dois nunca mais voltaram a se encontrar. Dezessete anos mais tarde, Beatrice recebeu a notícia de que o pai havia falecido e até se sentiu mal, pois não conseguiu verter uma lágrima sequer por ele[10].

Beatrice havia decidido viver só. Não pretendia mais se arriscar no campo afetivo, pois as duas experiências vividas até àquele momento não terminaram bem e ela achava que

---

[10] Nem todos os Espíritos que reencarnam na mesma família possuem laços de simpatia. A relação entre Beatrice e Enrico era um desses casos. Apesar disso, não se comprometeram a ponto de conservar sentimentos negativos entre eles.

já havia passado da idade de se envolver em novas aventuras. Assim, envelheceu solitariamente, dividindo o grande espaço de seu casarão com as poucas empregadas e, mais tarde, com Constância, a enfermeira contratada para cuidar de sua saúde.

* * *

No plano espiritual, depois de longo período alternando momentos de sonolência com outros de profunda confusão mental, Vitório despertou e sentiu o ódio que antecedera os minutos finais de sua desencarnação, reacenderem-se vertiginosamente.

Logo, ele entrou em sintonia mental com Beatrice que, a essas alturas, deixava-se consumir pelo remorso, sentindo-se responsável pela morte do marido. Por conta da grande angústia que a envolvera, Beatrice mais uma vez deixara de buscar o abrigo da prece, julgando-se imerecedora da proteção divina. Com ambos subjugados por sentimentos negativos, a lei de atração foi acionada, colocando-os na mesma frequência vibracional.

Alguns anos depois de seu desencarne e protegido pela invisibilidade, Vitorio voltou a viver ao lado de Beatrice, tornando-se um perseguidor implacável, participando ativamente da vida de sua ex-mulher, infestando-lhe o campo mental com suas nocivas vibrações de ódio e negatividades; arrastando-a para o âmbito das doenças psicossomáticas, provocando-lhe terríveis sofrimentos físicos e morais.

Faustina, que a tudo acompanhava bem de perto, permitia que Vitorio exercesse a sua vingança sobre Beatrice por duas razões: a primeira é que se divertia com o sofrimento alheio, independentemente de quem fosse a vítima. A segunda razão é que, quanto mais prejudicasse a ex-mulher, mais Vitorio se comprometia com as leis divinas; e mais vulnerável se tornava às suas futuras investidas.

Assim, sem se dar conta da grande enrascada em que se metia, o trio continuava envolvido naquela desastrosa roda viva. Beatrice, subjugada pelo remorso, atraía Vitorio, que exercia sobre ela as baixas vibrações de seu ódio e ambos sofriam as influências perniciosas de Faustina, que se comprazia com tudo aquilo.

Capítulo 24

"Não julgueis, pois, para não serdes julgados; porque com o juízo que julgardes os outros, sereis julgados; e com a medida com que medirdes, vos medirão também a vós – Mateus, VII: 1-2."

O Evangelho segundo o Espiritismo – Capítulo 10 – Item 11

"Bicho feio"

No Centro Espírita, quando as imagens deixaram de ser projetadas no campo mental de Carmela e Vitorio, um longo silêncio os envolveu. A médium refletia sobre tudo o que acabara de ver e Vitorio não conseguia esconder a surpresa de saber que, afinal, não fora traído por Beatrice. Pelo menos não da forma como julgara naquela remota madrugada.

Foi Carmela quem quebrou o silêncio:

— Vitorio, prestou atenção ao que vimos?

— Sim – ele respondeu em um sussurro, pela voz do médium que dava passividade à sua manifestação.

— Além de não tê-lo traído e de haver escorraçado o primo de sua casa, Beatriz não o odiava. Na verdade, ela apenas absorvia e projetava o ódio cultivado por Faustina. O grande erro de Beatrice foi ser invigilante e permitir que um Espírito obsessor controlasse os seus pensamentos, sentimentos e ações. Ela passou vários anos de sua vida sob a influência de quem verdadeiramente lhe odeia.

— É isso que eu não entendo – disse Vitorio.

— Não entende o quê?

— Essa tal Faustina me odiar desse jeito. Eu não sei quem ela é. Não me lembro de ter feito mal a ninguém.

— Talvez você esteja se protegendo, meu irmão. Permitindo-se uma memória seletiva, onde vê somente o que lhe interessa, para se colocar apenas na condição de vítima.

— Como assim?

— Meu irmão, todos nós, de alguma forma, somos devedores. Por isso reencarnamos num plano de expiações e provas. Se Deus permite que o sofrimento chegue até nós, por meio da ação de um inimigo, é porque, em algum momento da vida, nós conquistamos essa inimizade. Nada nos alcança, a não ser pelo nosso próprio merecimento e se não tiver uma razão corretora e educativa que nos eleve moralmente.

— Mas quem é essa mulher? O que eu fiz a ela, afinal?

Nesse momento, Faustina, que fora atraída para aquele mesmo ambiente, apresentou-se à visão espiritual de Carmela e foi vista também por Vitorio. Encontrava-se em estado lastimável; a cabeleira desgrenhada, as vestes deterioradas e restos de uma mordaça de couro a envolver-lhe a boca. Chispas de ódio se projetavam de seus olhos negros.

Carmela silenciou para acompanhar aquele encontro que somente ela e dois médiuns videntes que faziam parte da equipe podiam ver. Enquanto observava, mantinha-se em prece, pedindo aos demais componentes do grupo que fizessem o mesmo.

Vendo-se frente a frente com Faustina, Vitorio ficou bastante agitado:

— Essa mordaça... Ah, agora me lembro! Então é você...

A mulher o encarou com ódio.

— Eu mesma, seu miserável! Viu no que você me transformou ao me deixar apodrecer no fundo daquela gruta?

Vitorio ficou confuso por uns segundos, como se tentasse se lembrar de fatos ocorridos há remotíssimo tempo. Depois baixou a cabeça e sussurrou:

— Você não deveria ter me humilhado daquele jeito... Além disso, a sua morte não foi por minha culpa... Foi por causa do acidente...

Faustina colocou as mãos na cintura, numa atitude de afronta.

— Sim, eu sei. Você não teve culpa por demorar tanto a voltar, naquele dia. Mas foi o culpado de me manter prisioneira naquela pocilga. Você não presta! Nunca prestou e não tem o direito de viver em paz! Eu não vou permitir que viva em paz!

Carmela, que seguia acompanhando a discussão entre Vitorio e Faustina, percebia o quanto a mulher estava tomada pelo ódio. Por isso, emitia vibrações de amor fraterno, pedindo a Deus que projetasse uma réstia de luz sobre aquelas almas tão conturbadas.

Enquanto os dois discutiam, algumas breves imagens eram projetadas no campo mental da dirigente dos trabalhos, permitindo que ela soubesse o que havia ocorrido entre eles.

* * *

Vitorio, em sua penúltima encarnação, era caçador e vivera numa região montanhosa, de mata cerrada, bem distante dos poucos moradores que a circundavam. Nas poucas vezes que deixava o ambiente ermo onde morava, para vender a carne salgada dos animais que abatia e fazer algumas compras no povoado, costumava ser hostilizado pelas pessoas, que o consideravam um selvagem.

E não era para menos, pois Vitorio tinha hábitos de vida bastante rudimentares, alimentando-se basicamente de caças e frutas nativas, além de praticamente não falar com ninguém, restringindo ao máximo o seu escasso repertório de palavras. Sua aparência também era bastante grotesca e desleixada.

Um dia, a arrogante filha de um sitiante, decepcionada com a vida, resolveu descontar sua frustração sobre o caçador. Por não gostar do modo indiscreto como ele a olhou, a mulher, que era Faustina em sua última encarnação e que à época tinha 29 anos, humilhou-o publicamente, chamando-o de "bicho feio", "coisa imunda" e de outros apelidos desconcertantes. Sua atitude provocou muitas gargalhadas entre as pessoas que a presenciaram e deixou o homem profundamente constrangido e irritado.

Inconformado com a humilhação sofrida, cheio de ódio e de indignação, Vitorio elaborou um plano audacioso. Primeiramente, preparou um esconderijo perfeito, dentro de uma gruta que ficava em meio à mata fechada; local onde só ele conseguia ter acesso. Depois passou a espreitar a moça e, na primeira oportunidade, sequestrou-a e a levou para o cativeiro.

Durante meses, a polícia e a família de Faustina a procuraram, mas nenhum rastro dela foi encontrado. Com o passar do tempo, desistiriam de encontrá-la; considerando, inclusive, a possibilidade de ela ter fugido por vontade própria, já que vivia reclamando de não ter arranjado um marido pelo fato de morar naquele fim de mundo. Muitas vezes, discutindo com os pais – já que era bastante geniosa e briguenta –, ela expressava o desejo de ir morar na cidade grande, dizendo que o faria assim que surgisse uma oportunidade.

Capítulo 25

"Antes de reprovar uma falta de alguém, consideremos se a mesma reprovação não nos pode ser aplicada."

O Evangelho segundo o Espiritismo – Capítulo 10 – Item 13

Cativeiro e morte

Faustina ficou prisioneira de Vitorio por quase dois anos. Quando ele precisava se ausentar da gruta, deixava a moça amarrada e amordaçada, pois era a única forma de evitar que ela fugisse ou que tentasse atrair alguém, gritando por socorro. Assim, suas ausências do cativeiro não costumavam demorar mais do que algumas horas, pois Faustina não tinha como tomar água ou se alimentar sem que ele estivesse presente.

Porém, num dia em que Vitorio voltava do povoado, depois de negociar suas caças e fazer algumas compras, seu cavalo assustou-se com um raio, durante um temporal e, num movimento brusco, ergueu as patas dianteiras a grande altura e jogou o cavaleiro em uma ribanceira.

Na queda, Vitorio bateu a cabeça numa pedra, provocando grave traumatismo craniano, além de sofrer uma fratura exposta na perna direita. Ficou um bom tempo desacordado e, quando finalmente voltou a si, levou horas para se arrastar até o topo do despenhadeiro.

O cavalo havia fugido e ele teve de voltar a pé para a gruta. Improvisou uma imobilização usando as cascas de um tronco seco que foram amarradas com cipó, apoiou-se num pedaço de pau e seguiu pelo meio do mato, para evitar que alguém o encontrasse na trilha e o socorresse mesmo contra a vontade.

Como estava muito distante do cativeiro e não podia pedir ajuda a ninguém, sem se denunciar, Vitorio só conseguiu chegar à gruta três dias depois do acidente. Durante a longa caminhada, por várias vezes perdeu a consciência, tamanha era a dor que sentia na cabeça e na perna.

Chegando ao esconderijo, deparou-se com o que já desconfiava que fosse ocorrer. Faustina havia sucumbido à sede e à fome. Seu corpo sem vida começava a exalar mau cheiro, já que era época de verão e o interior da gruta estava muito quente e abafadiço.

Somente naquele momento, Vitorio se deu conta da dimensão do crime cometido. Olhando o corpo sem vida da moça que o levara a cometer aquela brutalidade, um misto de tristeza e remorso o invadiu por inteiro. Apesar de tudo o que ocorrera de ruim, ele havia se apegado à companhia dela.

Sentia muitas dores e febre altíssima, pois os ferimentos tinham se agravado por causa do esforço da caminhada. Uma infecção havia se instalado em seu organismo e o membro fraturado estava ficando escuro e fétido. Sem forças para sair dali, deitou-se ao lado do cadáver de Faustina e teve de esperar por mais dois dias, até que a morte física o libertasse daquelas dores terríveis.

Porém, teve a decepção de perceber que a libertação do corpo apodrecido não fora suficiente para livrá-lo das dores. Ao contrário, o sofrimento agora era muito mais intenso. Faustina o esperava do outro lado, com todo o seu ódio. Terrível perseguição sequenciou o desencarne de Vitorio e por muitos anos penou nas mãos de sua vítima, que assumira agora o papel de algoz.

* * *

Só depois de muito tempo, foi dada a ele a oportunidade de reencarnar para dar sequência ao constante aprendizado que as experiências na carne representam, mas Faustina permaneceu na erraticidade. Seu ódio pelo sequestrador nunca deixou de existir e ela continuou perseguindo-o, sem lhe dar um minuto de trégua.

— Você voltou ao plano da matéria – Faustina disse com raiva. — Mas eu permaneci do lado de cá e acompanhei os seus passos, desde o seu nascimento até o momento em que deixou o corpo físico. Ah, como é doce vingar-me de você! Como é gostoso fazê-lo sofrer!

— Muito bem! Agora, chega! – interferiu Carmela, em linguagem mental. — Vitorio já viu o que precisava e você precisa se retirar, Faustina.

— Não vou me retirar coisa nenhuma! – ela gritou. — Eu tenho o direito de infernizar este sujeito. Afinal, estamos no mesmo barco...

Vitorio olhou assustado para Carmela e, voltando a se manifestar pela voz do médium, implorou:

— Não, por favor! Peça para ela ir embora. Não quero essa mulher perto de mim.

— Não depende de mim – respondeu a dirigente da reunião mediúnica. — Depende da sua vontade.

— Mas eu já disse que quero que ela vá embora. Essa é a minha vontade.

Carmela o encarou e sorriu com brandura.

— Não basta isso, meu irmão! Para se livrar da presença de Faustina, você precisa romper a ligação mental que os une.

— Como assim? Como faço isto? – ele perguntou desesperado, pois começava a ser arrastado para o ambiente trevoso onde Faustina vivia.

— Perdoe Beatrice. Deixe de odiá-la.

— Não sei se consigo fazer isso... Ela me fez sofrer muito...

— Ela estava sob influência da inimiga que você próprio conquistou, meu irmão! Beatrice, indiretamente, foi também uma vítima do crime que você cometeu contra Faustina. Perdoe-a! Liberte-se do ódio e quebre as algemas mentais que o atraem para junto de Beatrice e que também atraem Faustina para junto de você.

Vitorio começou a relutar para não ser atraído à região tenebrosa do Umbral para onde Faustina tentava arrastá-lo.

— Está bem! Eu perdoo a Beatrice. No fundo, acho que nunca a odiei de verdade... Acho que só queria ficar perto dela. Meu ódio era uma desculpa para não me afastar – disse com voz de choro.

— Mas você a prejudicou, meu irmão!

— Sim! E estou arrependido! Oh, meu Deus! Como me arrependo de ter feito mal a ela e à Faustina! Elas não mereciam isso... Eu sou um grande pecador... Um maldito assassino! – e agora o pranto não pôde mais ser contido.

— Acalme-se! – exclamou Carmela. — Todos os equívocos podem e devem ser corrigidos. Por isso, Deus nos dá a chance de repará-los. Você terá a oportunidade de se corrigir, voltando a conviver com os seus desafetos, numa encarnação futura, e podendo conquistar-lhes o perdão.

— Mas... E agora? O que acontecerá comigo?

— Preste atenção, Vitorio! Olhe à sua volta.

Ele secou os olhos e viu que o ambiente estava iluminado. Trabalhadores espirituais, à semelhança de médicos e enfermeiros, cuidavam de várias pessoas que se encontravam estiradas em macas como aquela em que estava deitado.

— O que houve? – ele perguntou com incredulidade.

— É a caridade em ação, meu querido! É o perdão das ofensas gerando luzes que se sobrepõem às trevas do ódio e do desejo de vingança. Todos esses assistidos são irmãos em desequilíbrio que, assim como você, viviam presos às algemas do ódio. Finalmente decidiram perdoar e se tornaram merecedores de socorro e atenção. É um importante momento de libertação, tanto de vocês quanto dos encarnados que se encontravam sob as suas dominações.

— Para onde estão nos levando? – ele perguntou.

— Para um lugar bom, onde cuidarão de vocês. Enquanto não chegar o momento da sua nova experiência na carne, aproveite para aprender com esses irmãos benfeitores a amar incondicionalmente e a perdoar sempre, pois é somente assim que nos tornamos dignos de ser perdoados pelos nossos erros.

Carmela voltou-se para Faustina, que ainda se encontrava por perto, estendeu-lhe a mão e convidou mentalmente:

— Venha, minha irmã! A caridade divina é para todos.

A desencarnada fez uma careta e um gesto malcriado com a mão fechada.

— De jeito nenhum! Vou continuar de olho nesse infeliz e, se ele me der chance, volto a perturbá-lo. Adeus!

E Faustina desapareceu em meio às sombras.

Carmela lamentou, mas tinha certeza de que, quando chegasse o momento oportuno, aquele Espírito sofredor voltaria para pedir ajuda. Ela sabia que cada um tem o seu tempo de despertamento e que a lei do livre-arbítrio dá a todos o direito de fazer suas escolhas.

Quando Faustina voltasse, ela estaria ali, de braços abertos e coração aquecido para acolhê-la e suavizar as feridas angariadas e cultivadas pelas fraquezas morais pertinentes aos seres em evolução. Agiria seguindo o exemplo daquilo que cotidianamente é feito pelo Cristo consolador, neste vale de dores e de lágrimas.

* * *

A sessão mediúnica no Centro Espírita foi encerrada naquela noite com uma comovida prece de agradecimento. Carmela e toda a equipe de médiuns estavam felizes pela bênção de poder praticar a caridade de um modo tão especial.

Capítulo 26

"Eu revelei a doutrina divina; e, como um segador, liguei em feixes o bem esparso pela humanidade, e disse: 'Vinde a mim, todos vós que sofreis!'."

O Evangelho segundo o Espiritismo – Capítulo 6 – Item 5

Epílogo

Engana-se quem pensa que o fim de um processo obsessivo ocorre sempre de forma tranquila e imediata. Principalmente nos casos de duração prolongada, quando o Espírito em desequilíbrio passa décadas ao lado de sua vítima, compartilhando o mesmo espaço e a mesma rotina, consistentes laços fluídicos criam uma verdadeira teia na qual se agrupam densas energias e seres parasitários. Os olhos materiais não veem, mas o emaranhado hediondo ali permanece, vivo e atuante.

O ódio e o ciúme demonstrados por Vitorio no momento de seu desencarne, somados à frustração pelo assassinato que não conseguira concretizar, e cultivados durante aquele longo período de interação obsessiva com Beatrice – que também se deixara chafurdar no lodaçal psíquico do remorso – criaram um ambiente propício ao agrupamento de fatores negativos, geradores de sufocante poluição espiritual naquela casa.

Mesmo sem se dar conta, as pessoas mais sensíveis evitavam passar naquele quarteirão e algumas chegavam a atravessar a rua quando se aproximavam da residência, que se tornara um imenso "monturo espiritual", para onde eram atraídas pragas bem mais nocivas do que simples moscas. Pode-se dizer que o casarão assumiu literalmente a condição de casa mal-assombrada, como nesses cenários preparados para a produção de filmes de terror.

Quando a enfermeira Constância – que era sensitiva e detentora de nobres e caridosos sentimentos – entrou pela primeira vez na residência de Beatrice, conseguiu detectar a atmosfera pesarosa daquele ambiente. O lugar era tão negativo, que a luxuosa residência parecia mergulhada em invisível, porém perceptível e sombrio nevoeiro, gerando um clima de amargura e desolação.

Esse era o grande mal que subjugava Beatrice no momento em que adentrara a Casa Espírita pela primeira vez, fazendo-a confundir o sofrimento imposto pelo obsessor com uma grave doença que, a seu ver, deveria matá-la muito em breve. Por isso, se apresentara a Carmela com aquelas palavras:

"Eu me chamo Beatrice e... Estou morrendo!".

Embora parecesse, à primeira vista, um fortuito acontecimento, o encontro entre Constância e a viúva obsedada não ocorrera por acaso. Espíritos benfeitores, dentre os quais Gioconda, intercediam por Vitorio, Faustina e Beatrice, emitindo preces em favor dos três e pedindo a Deus que os livrasse da armadilha criada por seus próprios deslizes morais.

Quando Constância emprestou o livro que despertaria em Beatrice a curiosidade de saber mais a respeito da vida pós-

-túmulo, estava seguindo importante orientação espiritual para fazê-lo. Aquele fora o primeiro passo para que se iniciasse o processo de libertação, tanto da viúva quanto de seu marido desencarnado. Constância tivera a função de uma luzerna que, apesar de pequena, começara a debelar as trevas do ódio e a dissipar a poluição fluídica ali existente.

Agora, com o recolhimento de Vitorio pelos benfeitores espirituais e o distanciamento de Faustina, iniciava-se uma nova etapa no processo: a higienização do ambiente. Embora os olhos materiais visualizassem naquela casa somente luxo, bom gosto e organização; do ponto de vista espiritual, o que se via era um lugar inóspito, sujo, fétido e inabitável.

Esse ambiente fora plasmado pelas projeções mentais e sentimentais de seus moradores, nos dois planos da vida. Por isso, Beatrice, apesar de relativamente saudável, apresentava aquele aspecto tão doentio e a aparência de uma pessoa bem mais velha e desgastada. Tudo aquilo era o reflexo da pesarosa atmosfera espiritual que ela respirava diuturnamente em sua casa.

Todos esses empecilhos serão vencidos no dia em que a humanidade terrestre se conscientizar de que o homem é um ser espiritual; que a vida física é apenas uma condição temporária e que os verdadeiros sofrimentos e as verdadeiras alegrias pertencem ao plano do Espírito. Se o mundo físico fosse o genuíno lar da humanidade, Deus teria falhado, pois haveria criado um ser imortal para habitar um mundo transitório.

E esses aprendizados começavam a ser absorvidos por Beatrice que, desde que iniciara a assistência na Casa Espírita, passara a frequentá-la com assiduidade. Embora inconsciente dos acontecimentos ocorridos desde a primeira vez que ali estivera, ela sentia um bem-estar incrível ao adentrar o humilde cantinho religioso, ouvindo as palestras e recebendo o carinho dos trabalhadores, principalmente de Carmela, por quem passara a nutrir grande simpatia.

Outro fator importante foi a orientação para que o Evangelho de Jesus fosse levado ao âmbito doméstico. Com a ajuda de Constância, Beatrice criou o hábito da prece no lar, levando mais luz para combater a escuridão que ainda existia no ambiente.

Desse modo, as criações mentais que ali estiveram por tanto tempo foram se esmaecendo. Seres espirituais doentios deixaram de se sentir à vontade naquele "monturo", que aos poucos se elevava à condição de "flor", e terminaram por abandoná-lo de vez.

O nevoeiro no qual a residência se encontrava mergulhado dissipou-se, deixando de emitir as vibrações negativas de outrora. Os transeuntes não se sentiam mais impelidos a atravessar a rua, e a calçada em frente ao casarão passou a ser movimentada e alegre passagem de pedestres.

Quase que imperceptivelmente, Constância foi deixando de ser cuidadora, já que Beatrice se tornava cada vez mais independente em termos de saúde física. Porém, apesar de precisar cada vez menos de seus préstimos como enfermeira, a viúva do casarão jamais abriu de tê-la ao seu lado, como leal companheira.

Carmela observava com alegria o progresso físico e espiritual de Beatrice. Alguns meses depois daquele primeiro contado, a mulher não se parecia em nada com a "velhinha enfermiça" que ali estivera em busca de auxílio. Chegava agora sorridente, com um brilho espontâneo nos olhos, a cabeça erguida e o corpo ereto; características das pessoas saudáveis, otimistas e elegantes.

Ela não se queixava mais de dores, havia abandonado a bengala e nunca mais voltou a falar que estava morrendo. A alegria voltara a fazer parte de sua vida, ressuscitando, de certa forma, a jovial Beatrice que transformava flores em "borboletas" durante os passeios vespertinos de sua aldeia.

Quando se recolhia para orar, ela costumava ouvir a voz de Gioconda, como a brisa primaveril de sua mocidade, a sussurrar em seu ouvido:

"Isso, minha filha! Reze, peça proteção ao seu anjo da guarda e ele nunca a deixará desamparada".

E Beatrice, como a graciosa borboleta do passado, seguia voando para além das limitadas fronteiras da materialidade, impulsionada pelo vigoroso vento do conhecimento espiritual e da fé raciocinada sugerida pela Doutrina Espírita. Finalmente estava livre do **invisível cativeiro** de dores obsessivas onde, durante tanto tempo, estivera aprisionada.

Fim

Campanha de Preservação da Vida
EDITORA ALIANÇA
Tema: ABORTO

ABORTO É CRIME

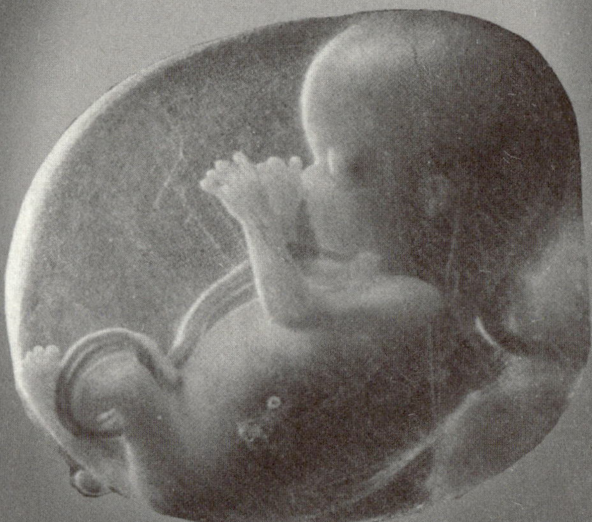

DIGA NÃO!

O Livro dos Espíritos, Allan Kardec - questão 358:

Pergunta: *O aborto provocado é um crime, qualquer que seja a sua concepção?*

Resposta dos Espíritos: *Há sempre crime quando se transgride a lei de Deus. A mãe ou qualquer pessoa cometerá sempre um crime ao tirar a vida de uma criança antes do seu nascimento, porque isso é impedir a alma de passar pelas provas de que o corpo devia ser instrumento.*